昇地勝人・進藤啓子・田中麻里 編

社会的養護内容

ナカニシヤ出版

はしがき

　この度,『社会的養護内容』の出版の運びとなりました。2010年6月に上梓しました『養護原理』とセットとして数年前より,この出版を企画していました。しかし,この間保育所保育指針の改訂,その他の事情により出版が大幅に遅れ,読者の皆様をはじめ執筆いただいた方々に,大変なご迷惑をおかけいたしました。反面,編集過程に先の保育所保育指針の改訂やそれに伴う保育事情の変化に即座に対応できたという,遅れた分のメリットもありました。

　将来保育士や幼稚園教諭をめざす学生を対象に児童養護の現代的な問題,児童養護施設の実際および理念について,具体的に,できるだけ平易な表現に留意し,大学および地域生活支援センター等で保育士や幼稚園教諭の養成に携わっている新進気鋭の研究者に執筆をお願いし快諾を得て,企画の実現に当たってきました。

　本書は,Ⅲ部からなっており,第Ⅰ部は「児童養護問題の所在」というテーマで家庭と発達保障と養護を必要とする子どもの発達とその基本的ニーズ,第Ⅱ部は「児童福祉施設の実際」として,家庭環境に問題のある児童のための施設,心身に障害をもつ児童のための施設,情緒・行動に問題のある児童のための施設にはそれぞれどのような施設があり,各施設の目的,対象,支援の内容について具体的に紹介しています。さらに,児童の健全育成のための施設養護,家庭的養護,養護の基本原理と技術方法論について述べています。第Ⅲ部は,「児童養護の理念とその展開」として,児童養護の理念を整理し,施設と地域のかかわりのあり方と今後の課題を提示しています。さらに,具体性と実践という観点から「虐待について」「児童福祉施設における心理的ケア」「こんなお母さんになりたい」「自立援助ホーム」「エンパワーメント(empowerment)」の5つのコラムを設けました。

　日々刻々と変化する社会情勢の中で,子どもの心身の発達を促す支援と保護者や幼稚園教諭,保育士,施設職員等の望ましい支援のあり方を検討する際に,多少なりとも役立つことができればと考えています。さらに,皆様の厳しいご指摘,ご示唆をいただければ幸いに存じます。

平成25年4月
編集代表者　昇地　勝人

施設の名称の変更について

平成 25（2013）年 4 月 1 日より下記の図に基づき施設の名称が変更されているが，本書では，従来の障害種別の施設名にて解説している．

障害児施設・事業の一元化　イメージ図

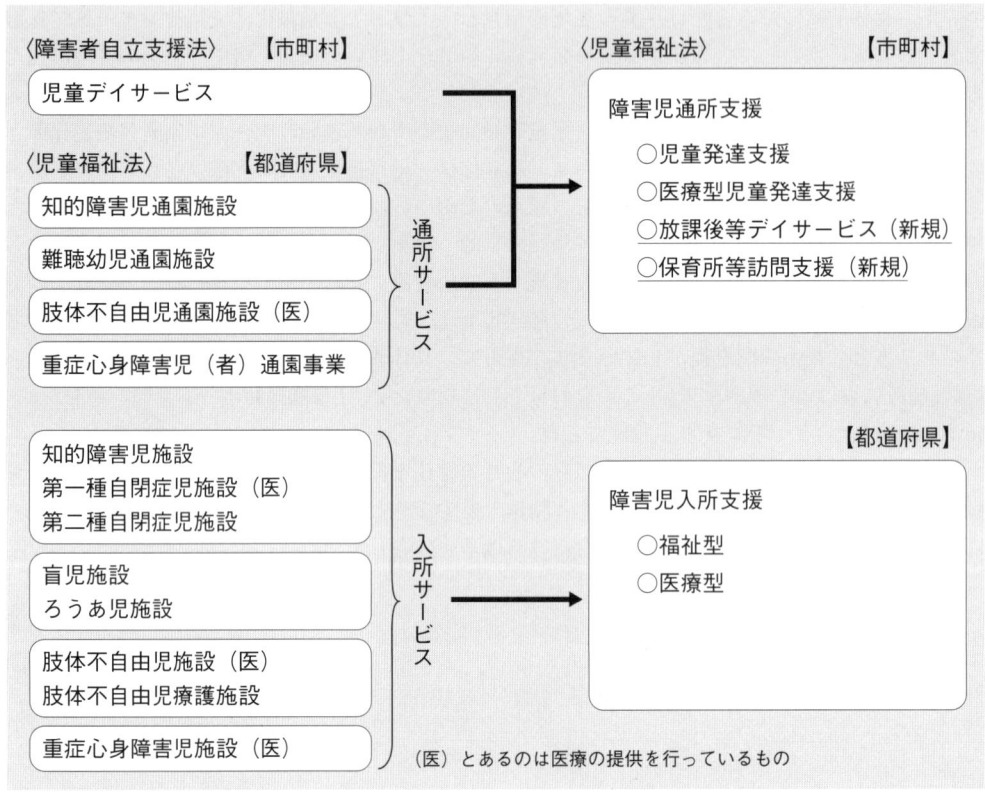

【変更点】
○障害児を対象とした施設・事業は児童福祉法に根拠規定を一本化．
○より身近な窓口でサービスの提供が可能となるよう，実施主体を都道府県（児童相談所）から市町村とし，事務を委譲．

資料出所：福岡市こども未来局こども発達支援課　平成 24 年 1 月 31 日　民間通園施設長会議資料

目　次

はしがき　*i*
施設の名称の変更について　*ii*

I　児童養護問題の所在

1　家庭と発達保障 ─────────────────── 2
　1．社会と家庭の機能　2
　2．現代の子どもを取り巻く環境と発達保障　3

2　養護を必要とする子どもの発達とその基本的ニーズ ─── 5
　1．子どもの発達と養育　5
　2．養護の必要な子どもの現状とそのニーズ　9
　3．障害のある子どもの現状とそのニーズ　13
　4．保育士としての学ぶ視点　17

II　児童福祉施設の実際

3　家庭環境に問題のある児童のための施設 ─────── 20
　1．児童養護施設　20
　2．乳児院　24
　3．母子生活支援施設　29
　コラム　虐待について　24

4　心身に障害をもつ児童のための施設 ──────── 35
　1．児童発達支援センター（知的障害・自閉症，肢体不自由部門）　35
　2．児童発達支援センター（難聴幼児部門）　44
　3．知的障害児施設（自閉症児施設をふくむ）　48
　4．肢体不自由児施設　53
　5．重症心身障害児施設（医療型障害児入所施設）　58
　6．盲ろうあ児施設　62

5　情緒・行動に問題のある児童のための施設 ────── 66
　1．情緒障害児短期治療施設　66
　2．児童自立支援施設　73
　コラム　児童福祉施設における心理的ケア　71
　コラム　こんなお母さんになりたい　78

6　児童の健全育成のための施設養護 ──── 79
1. 保育所　79
2. 児童厚生施設　87
3. 児童家庭支援センター　89

7　家庭的養護 ──── 91
1. 社会的養護のなかの家庭的養護　91
2. 小規模施設　92
3. 里親制度　96
4. 家庭的養護（里親や小規模施設など）が直面する困難さ　99
5. 家庭的養護の今後の課題　101
　コラム　自立援助ホーム　102

8　養護の基本原理と技術方法論 ──── 103
1. 施設における日常生活の指導　103
2. 児童福祉施設における援助　109

Ⅲ　児童養護の理念とその展開

9　児童養護の理念 ──── 112
1. 児童養護とは　112
2. 児童養護実践の場　113
3. 子ども観の変遷　113
4. 児童養護の歴史　114
5. ノーマライゼーション（normalization）　117
6. 児童自立支援　118
　コラム　エンパワーメント（empowerment）　120

10　施設と地域のかかわり ──── 121
1. 地域への理解と協力　121
2. 地域ニーズと施設　122
3. 今後の課題　126

索　引　129

I 児童養護問題の所在

家庭と発達保障 1

1. 社会と家庭の機能

　子どもの心身の成長は、家庭のなかで家族によって育てられる。家族とは、時代と文化を越えてすべての社会に存在する普遍的な制度であるといわれる。家族の定義として、「家族とは、夫婦・親子・きょうだいなど少数の近親者を主要な成員とし、成員相互の深い感情的包絡で結ばれた、第一次的な福祉追求の集団である」と記述され、また、家族の機能については、「パーソンズによると、構造・機能主義の立場から家族の普遍的・本質的機能として、子どもの一次的社会化と成人のパーソナリティの安定化である」（庄司他、1999）というように人間形成に重要な役割を担っている。

　次に、家庭の養育機能をみると、次の4点があげられる。すなわち、①児童の基本的欲求を満たすことにより児童の生命維持と保護の役割を果たす。②基本的信頼関係を築き発達を援助し、とくにパーソナリティ形成に大きくかかわる。③子どもの社会化の第1ステップとしての人間関係を学び、しつけや社会的規範などを身につけさせる。④毎日の家庭生活の営みのなかで生活上の基本的技術や知識を習得させ、またその地域の文化や伝統を継承し、創造するなどである。

　このように、家族は時代や文化を越えた、感情的なものを含んだ社会の基礎集団だといえる。そして、人間は家庭の中に生まれ、家庭および地域社会によって社会的人間として育てられる。ところが近年、家庭は社会の変化に伴ってその形態や機能が少しずつ変化してきて、子どもの養育においても間接的にも直接的にもさまざまな影響をもたらしている。とくに最近では、社会情勢が激しく変化するなかで、家族はその影響を受けて、前述した家庭の機能を果たしていくのが難しくなっている。その困難さは、日常ともいえるほど頻繁に報道される児童に対する虐待によって知ることができる。

　これらの家族機能が弱体化している現実において、法的に、子どもに対する「親の養育責任」を守らせる義務は当然だが、「子どもの権利」を尊重し擁護する義務が、私たちが暮らす社会にある。すなわち、子どもが心身ともに健全に育つためには、家族をしっかりと支援することが、国・地方公共団体ひいては社会全体の重要な役割であることを大人たちが自覚することが大切である。

家庭と家族
　一般的にはあまり厳密に区別されていないが、家族は夫婦・親子・きょうだいなどの近親者で成り立つ小集団であり、家庭は家族が生活する場としての家、居場所、生活を共にする家族とのかかわりやそのぬくもりをいう。

2. 現代の子どもを取り巻く環境と発達保障

　今日の現代社会を反映して，高学歴化や価値観の変化などが家族のかかわり方や子育てにも影響してきている。言いかえると，経済の変動が社会構造に影響し，ひいては人間の行動にも変化を及ぼしているのである。

　昭和30年代からの高度経済成長は，多くの国民に物質的・経済的繁栄をもたらした。こうした経済の成長は，日本列島全体の環境を変え，あるいは破壊した。また，都市の過密化と農山漁村の過疎化を生み，さらにはそれまでの拡大家族から核家族への進行を促した。一方で，この核家族化の現象が人間関係を希薄にしている要因にもなっている。これらの生活環境の変化は，家庭を第一義的場所とする子どもたちに深刻な影響を及ぼしているのである。

　子どもたちの環境の問題についてみると，大きく分けて3つ考えられる。

　まず，自然環境面からみると，地域開発からもたらされる自然破壊によって児童の健全育成環境に変化がみられ，とくに子どもの自然の遊び場の喪失の問題は大きい。また大気汚染公害による児童の慢性気管支炎および気管支喘息などの健康被害の問題がある。

　次に，社会環境面では，車社会のなかで，交通事故で幼い子どもの生命が奪われたり，事故の後遺症からくる心身障害児の問題や，また事故で親を失った遺児などの問題が引き起こされている。さらに経済的な豊かさのなかで都市の繁華街に出入りする青少年に非行問題がみられるなど，経済的な変動によるさまざまな社会の変化が家庭に影響をもたらしている。

　そしてさらに，社会的側面から生じてくる家庭養育環境の変化がみられる。つまり失業や離婚など家族の機能不全から引き起こされる養護・保育問題，あるいは遺児，放任，虐待など親の犠牲となる子どもの問題，また核家族化や都市の住宅難などに伴う人間関係の問題などがみられる。

　今日，親を対象とした子育て調査（Benesse教育研究開発センター，2009）によると，子育ての悩みや気がかりなこと（複数回答）で，最も多かったのは，「犯罪や事故にまき込まれること（73.3％）」である。これは，しかり方やしつけの仕方の悩みより約3割も多くみられた。犯罪や事故については社会的に防犯に対する対策が必要であるが，個人だけでできることではなく，地域社会で考えなければならない大きな問題でもある。

　このように現代社会の社会不安を反映した事件・出来事が多くなり，子どもを取り巻く環境がさらに劣悪になっていっている状況がうかがわれる。これらの子どもに深い犠牲を強いているさまざまな問題は，そのまま子どもの幸福に生きる権利（基本的人権）を奪っているのである。あらゆる可能性を秘めて未来に生きる子どもは未熟・未完成であるがために，親や社会の取り組みが重要となる。

　古代においても，物質が豊かになった現代においても，子どもは無限の可能性を秘める"発達可能性"をもっている。それはどのような環境であっても，法的にも人間の権利として，子どもは発達を尊重される権利があり，また発達を保障されなければならない。児童養護では，この可能性をいかに引き出すか，つまり「人間性」をどのように育むかの課題に取り組む必要がある。

> **学習課題**
> 1. 子どもが健全に育つためには,どのような家族の機能が必要かを考えてみよう。
> 2. 子どもを取り巻く環境の変化をいくつかあげて,その変化がもたらす問題を考えてみよう。

引用文献
Benesse 教育研究開発センター　2009　第3回子育て生活基本調査(幼児版)
庄司洋子他(編)　1999　社会福祉事典　弘文堂

養護を必要とする子どもの発達とその基本的ニーズ 2

1. 子どもの発達と養育

　子どもの健康な発達を保障し促すためには、経済を保障した生活の場と同時に親を含めた保育者の質、これらを成立させる社会的な理解が必要である。しかし、子どもがどう育っていくか、またどのように子どもが育ったらよいかという問題は、子どもの権利という対社会的・国家的な関係ではなく、対人間的な関係を含む心理的・発達的な問題であるといえる。ここでは、人が大人へと成長していくために必要な発達過程と親子関係を含めて、人間的なかかわりについて述べることとする。

　まず、子どもの成長を理解するために、人間の発達課題について知っておくことが必要である。エリクソン（Erikson, E. H.）の発達理論を表2-1に示している。エリクソンは、個体の発達は、個体を取り巻く環境との相互作用のなかで起こるものとして、心理・社会的側面の発達を強調している。また、人間は生涯にわたって発達すると考え、その一生のプロセスをライフサイクル（人生周期）と呼んだ。そして、人間の一生は8つの漸成的発達段階に分けられ、各段階には固有の発達課題があるとした。これらの発達課題は、誰にでも共通してみられる原則がある。しかし一方で、我々が子どもを理解しようとするとき、発達のみちすじや速度には個人差がある。つまり個別性・独自性を考慮に入れる必要がある。個別・独自性は気質が関係しており、子どもはそれぞれの気質をもっているのである。親子関係は相互関係で

エリクソンの発達理論
　エリクソン（Erikson, E. H. 1902-1994）はアメリカの児童精神分析家で、彼の理論の特徴は自我と社会との関係を重視し、各段階には固有の発達課題があるとした。この発達課題は解決の成功と失敗の両極端であり、ここで表される葛藤を「心理・社会的危機」と呼んだ。この解決については「成功か失敗か」よりも両極端のバランスが望ましいとした。

漸成的発達
　漸成的発達（epigenesis）とは、段階ごとに器官が形作られる生物学上の概念で、あるものの上に次が生じるという意味である。エリクソンは、人間の発達も前段階の発達課題の達成の上に次の段階に進むと考えた。

表2-1　エリクソンの漸成説による8つの段階 (加藤・中島, 2002)

年　代	成　功	失　敗
①乳児期	基本的信頼感	基本的不信感
②幼児期前半	自律性	恥と疑惑
③幼児期後半	自主性・自発性	罪悪感
④児童期	勤勉性	劣等感
⑤青年期	自我同一性	同一性混乱・拡散
⑥成人初期	親密性	孤　独
⑦中年期	世代性（生殖性）	停滞性
⑧老年期	自我の統合	絶　望

あるが，その基には気質が関係している。アメリカの精神医学者トーマスら（Thomas & Chess, 1963）は，気質をみるときに9つの項目をあげている。つまり，活動性，生物学的機能における規則性，新しい刺激に対する接近・回避傾向，順応性，反応の強さ，反応の閾値，機嫌，注意の幅と持続性である。トーマスの調査によると136種類の行動プロファイルに基づいて幼児の気質を3群に分けた結果，養育が楽な子が40%，養育が難しい子が10%，出だしが遅い子が15%であることを示した。しかし，これら難しい子とされた中の30%は健全な発達をとげたという。つまり，幼少期に養育が困難だと感じてもその子の気質に合った養育を心がければ問題を抱えることも少ないといえる。

次に，子どもの発達には体の発達，知的な発達，社会性の発達の視点がある。それぞれの領域は関連しあって人間性をつくるのである。ここでは，より環境に左右されやすい子どもの情緒や対人関係の発達を含む社会性の発達に焦点を当てて述べていくこととする。

(1) 乳幼児期

乳幼児期の子どもの社会性の発達は対人関係の基礎を築くものであるといえる。すなわち，母親とのアタッチメント（愛着行動）である。そして，特定の一人の人間との愛着行動ができると第一反抗期が始まるが，同時にしつけも必要になってくる。

乳児期では，とくに母親とのアタッチメントが重要であるが，これは対人関係の基礎になる。つまり，この時期に母親などの身近な特定の保育者との密接な関係ができないとその後の他者との対人関係が結びにくくなるのである。そして家庭において，この時期を支えるのは，父親と母親の協力関係であり，両親の仲が悪い場合には，母親は子どもと安定した情緒的な関係を結ぶことが難しくなる。

ここで，母性的養育の重要性について，イギリスの心理学者ボウルビィ（Bowlby, J.）は，長期に施設へ預けられた子どもに起こる発達の遅れを調査し，原因が単に不十分な物理的な環境や栄養状態ではなく，対人関係を主とした養育環境にあることを指摘している。また，ホスピタリズムを調査した世界保健機構（WHO）の報告書のなかでは，母性的な養育の欠如を指すマターナル・ディプリベーションという概念を使ってこの現象を説明した。つまり，この状態におかれた子どもは発達自体に遅れを引き起こし，最悪の場合は命を落とすことすらあるという。もちろん，一般の家庭で育つ子どもの場合，安定した関係を築くのは母親であり家族である。子どもを取り巻く家族は，単にオムツを替えたり，ミルクを飲ませたりといった養育活動を行うためだけに重要なのではなく，こうした母性的行動を行うことによって子どもと緊密な関係を形成し，精神的な安定をもたらすという役割を担っているのである。このように施設であれ，家庭であれ，その中で特定の人物と安定した関係が結べないような状態であればマターナル・ディプリベーションの状態であり，ホスピタリズムと同様の現象を引き起こす可能性があるというのである。また，ハーロー（Harlow, H. F.）の研究は，母親が子どもに与えるような愛撫が欠けると，子どもの心身発達が著しく阻害されることを指摘した。

アタッチメント
（attachment）
ある物（ある動物）が特定の個体や集合体に対して形成する情愛的結びつきを意味する。学術用語として，心理学，精神医学などの領域で広く用いられるようになったのは，ボウルビィ（Bowlby, 1958）の論文以降のことである。

ホスピタリズム
20世紀前半に施設で発達の障害がみられたことから，乳幼児が施設に入所して生活することから生じる心身の発達の遅滞や障害のことで，施設病ともいう。原因は刺激の機会希少やアタッチメントの欠如などがいわれている。

マターナル・ディプリベーション
（maternal deprivation）
乳幼児が母性的養育を喪失すること。ボウルビィ（Bowlby, J.）の著書 "Maternal Care and Mental Health"（1951）出版以降の概念である。

彼の実験でみられるように，アタッチメントの形成に重要なものは，母親が子どもにミルクを与えることそのものではなく，そのときに優しく心地よく抱き，やさしく語りかけることなどの働きかけであるという。つまり，乳児は，知らない人に抱かれると泣いて嫌がる（人見知り）が，母親に抱かれると安心して泣きやみ，すやすやと眠ってしまう。このように子どもが特定の人物との間に形成する情緒的な関係をアタッチメントという。

このような研究を通して，乳幼児期の保育者のかかわりでは，愛着行動を定着させるようなかかわり，つまり，視線を合わせて，肌のふれあいや体を使った遊びを通して，さらに一貫性をもってふれあうことが大切だということが理解される。

さて，2～3歳になると，第1反抗期と自己主張が始まる。第1反抗期は2歳をすぎると親の権威に対して「いや」と拒否したり，ある行動を執拗に続けたりして，親を困らせる行動のことをいう。これは，子どもの自我が目覚めたことをはっきりと親が認識せざるをえない時期でもある。逆に反抗がないということは，自分と他者との違いがはっきりせず，自我が未熟なままであるともいえる。また一方で，親が常にけんかしたり厳しすぎたりすると反抗期が出せなくなり，子どもによっては怒りや憎しみおよび悲しみの感情を消化できなくなり，情緒不安定になりやすくなる。

同時に，この時期になると子どもはひとりで歩き始められるようになるし，話もできるようになる。社会の一員としてみなされはじめ，電車の中で騒ぐと「静かにしなさい」とたしなめられるようになり，このころから「しつけ（躾）」が必要になる。幼児期の重要な発達課題のひとつである基本的習慣もしつけの対象である。

しつけというのは，日々の生活の繰り返しのなかで，作法や対人関係のつくり方など人が生きていくのに必要な知識や技術を親が子どもに身につけさせることである。しつけをするときに保育者に求められるのは，繰り返すことをあきらめない根気強さである。親は同じことを言い続けることをあきらめ，怒ったり言わなくなったりして，結局しつけが甘くなることが多いのである。しつけの難しさは，個々の子どもに応じてしつけ方を変えなければならないことである。このように，しつけは，子どもに行動をコントロールする力をつけるということであり，ルールを守るなどの社会性の基礎をつくり，人が生きていくために必要な力を育むものなのである。

(2) 児童期

児童期は学童期ともいわれ6～12歳を指す。児童期の心身の発達では，子どもたちの物の見方や考え方はより現実的・客観的となり，身体発育も比較的安定したペースで進行し，生活全体がリズムのとれたものになってくる。そして，学校生活の占める割合が大きくなり，学習が主導的役割をもってくる。9～10歳になると思春期がはじまり，性差の面でも中性的役割の段階から性役割の分化へと移行する時期でもある。

児童期の社会性の発達をみると，自己主張をする一方で，友達とのかかわりのなかで自己抑制能力も学んでいくのである。対人関係については，コミュニケーションスキル（communication skill）を学ぶことが重要である。こ

第1反抗期
2歳をすぎると親の権威に対して「いや」と拒否したりある行動を執拗に続けたりする，反抗的行動や自己主張が現れる。3歳から4歳にかけて最も多く出現する。

のスキルは他者との関係を円滑に進めるための具体的な方法であるといえる。またこの時期に、学校の集団や友達との遊びのなかで、ルールを守るなどの社会的規範や道徳的な行為の学習が行われていく。

とくにこの時期に特有なのがギャングエイジである。ギャングエイジとは、小学校中学年ごろからみられる集団である。この集団は自分と似た同性の友達を選び強い結束力をもち、非常に濃密な関係をつくり、対人関係のやり取りを通してどのように他者と付き合っていくかを学んでいくことになる。大人という指導者がいないところで、子ども自身が自己主張と自己抑制、思いやりと共感、役割習得能力、コミュニケーション能力、問題解決能力、社会的ルールの理解などを育てていくのである。この集団はまた、その後に社会的スキルが発達するにしたがって異性を含んだ集団に移行していくこととなる。このようにギャングエイジというのは濃密な仲間関係を体験するということであり、これが後の人生においての他者との上手な付き合い方を学ぶ機会となっているのである。

次に、児童期に学習すべき必要な項目について詳しく説明をする。まず、自己主張と自己抑制についてであるが、子どもは、第1反抗期に始まる自己主張に加えて、乳児期には排泄をしたくてもトイレまで我慢をしなければならないということを学ぶなど、成長するにつれて自分の欲求を抑えねばならない場合があること、欲求があっても、「していいこと」と「してはいけないこと」があることを知るようになる。児童期においてこれら自己主張や自己抑制を獲得することは、自分に対してまわりの人たちが何を望み、それに対してどのように応えていけばよいのかという、他者の立場に立つことを学習していくことでもある。この自己抑制は、2歳ころから6歳すぎまでに徐々に発達していくのである。

次に、道徳性をふくむ社会的規範についてみる。道徳性とは、社会で認められている善悪の原理や規範を自分のなかに入れること、つまり善悪の判断を示すことである。これには相手が何を考え、何を欲しているかを正確に認知することが必要である。さらにそれらに基づいて自分の行動を調整することも必要になる。論理的操作が可能になる7歳くらいから、年齢を重ねるにしたがって相手の意図や動機を考慮できるようになり、うまく解決できるようになるのは10歳以降である。また7歳くらいを境に違反者に制裁を加えたり、あざけるといった反応をするが、これらの反応は社会的な慣習的ルールに気づかせるものであるといえる。

ところで、対人関係における他者とのコミュニケーションはスキルであり、学習するべきものである。すなわち、コミュニケーションでは、会話が成立するにはルールが必要であるが、児童期においても、まだ未熟で、順序よく話をしたり、伝えたいことを簡潔に秩序立てて話すことが難しい。そのために、日常の会話では、嘘は言わない、相手の話すことを聴いて関連あることを言うこと、また対人関係の摩擦をさけるために直接的な表現はさけて婉曲的に言うなど、適切で具体的な行動をスキルとして学習させていくことが必要になるのである。

このように、児童期は対人関係の訓練がなされる最も良い時期であるといえる。そのため、児童期の保育士や指導員のかかわりは、子どものそれぞれ

論理的操作
ピアジェ（Piaget, J.）による発達理論で、思考の発達を、感覚・運動的知能の時期（約2歳まで）、直感的思考の可能となる時期（5～6歳）、具体的操作の可能となる時期（11～12歳まで）、いかなる対象に対しても一般化された論理的操作を適用しうる形式的操作段階（12歳以降）の4つの時期に分け、この4段階でほぼ論理的思考が可能になるという。

の体験に付き合い，子どもが物事を考えることができるように寄り添い，子どもが自分自身に自信がもてるように援助することが大切である。

(3) 青年期

　青年期の発達課題が達成されるためには，エリクソンのいう心理社会的発達の各段階が達成されることが必要になる。青年期はまた，これまでとは違った問題が生じてくる。すなわち，友人関係や恋愛問題，親からの自立の問題，自分の存在への疑問，自分はどのように生きていくべきかという課題に直面する時期であり，"怒涛(どとう)の時代"ともいわれている。

　そこで，ここでは，青年期の重要な課題であるアイデンティティ（自我同一性）について説明する。アイデンティティとは，今まで親に依存していたのが親の意見とも違う自分の考えや意見を確立していく時期である。青年期になると自分自身について悩むようになるが，これは，自己の身体の急激な発達や性的な問題などに遭遇し，幼児期以降からもっていた自己自身についての不変性，連続性の感覚がゆらぐためである。この時期はまた，子どもが大人に対して本気でぶつかって自立をしていく年齢でもある。このように心身ともに不安定な状態なので，親や保育者は愛情だけではなく，思春期に出てくる反抗期やいろんな事象に対して，問題行動として受け止めるのではなく，子どもの"存在そのもの"を受け止めて認めてあげることが大切である。しかしながら，今の大人のかかわりは，大人側からその子どもの動きを封じ込めようとする傾向にあり，この時期を乗り越えるのが難しくなっており，アイデンティティを形成することが青年期の大きな課題になっているともいえる。

　これらの子どもの発達をふまえて，児童養護の実践に携わる者は，子どもたち一人ひとりがもつ個性や性格等の個別性を十分に理解したうえで，発達の原則に沿って発達課題が十分に達成できるように環境条件の整備に努めることが必要になる。

2. 養護の必要な子どもの現状とそのニーズ

　子どもは本来，家庭で守られ親の愛情を受けて育つものであるが，親が子どもを養育できない状況になると社会的養護が必要となる。家庭の機能は，前述したように，人間形成に重要な役割を担っている。そのために，社会的養護の内容を質的に充実させていくことが重要である。

(1) 養護を必要とする子どもの環境

　社会的養護が必要な養護問題の背景をみると，子どもや家庭を取り巻く社会状況として，核家族の孤立化，離婚によるひとり親家庭の増加，出生率の低下，女性の社会進出の増加，地方の都市化，子どもの遊び場の減少などから引き起こされる子どもの生活環境の破壊がみられ，社会的養護による支援の必要性が求められている。とくに，被虐待児の急激な増加傾向をみても，社会的養護のあり方を検討することが緊急な課題となっている。

表 2-2　養護問題発生理由別児童数（厚生労働省雇用均等・児童家庭局，2009 を一部改変）

	構成割合（％）				
	里親委託児	養護施設児	情緒障害児	自立施設児	乳児院児
総数（％）	100.0	100.0	100.0	100.0	100.0
父の死亡	1.3	0.6	1.3	0.5	0.1
母の死亡	5.3	1.8	0.9	1.3	1.1
父の行方不明	3.0	1.0	0.2	0.8	0.2
母の行方不明	11.3	5.9	1.3	1.4	4.1
父母の離婚	3.8	4.1	4.7	10.2	2.5
両親の未婚	＊	＊	＊	＊	7.9
父母の不和	0.6	0.8	1.7	2.5	1.3
父の拘禁	1.8	1.8	0.9	1.2	0.9
母の拘禁	3.0	3.3	1.4	1.2	4.4
父の入院	0.9	1.0	0.4	0.4	0.2
母の入院	4.4	4.8	0.9	0.6	3.7
家族の疾病の付添	＊	＊	＊	＊	0.4
次子出産	＊	＊	＊	＊	0.7
父の就労	2.3	5.6	1.2	1.0	0.7
母の就労	2.7	4.1	1.7	3.6	6.7
父の精神疾患等	0.3	0.6	0.6	0.8	0.2
母の精神疾患等	7.7	10.1	13.1	7.9	18.9
父の放任・怠だ	0.9	2.1	2.6	5.0	0.4
母の放任・怠だ	8.8	11.7	13.8	17.3	8.4
父の虐待・酷使	2.8	5.9	12.4	9.1	3.6
母の虐待・酷使	4.3	8.5	14.1	7.9	5.6
棄児	3.7	0.5	0.3	0.6	1.5
養育拒否	16.0	4.4	4.7	5.8	7.8
破産等の経済的理由	5.8	7.6	2.0	1.2	5.7
児童の問題による監護困難	1.0	3.3	10.6	7.4	0.6
その他	6.0	8.5	8.3	9.6	10.7
不詳	2.2	2.0	0.9	2.8	1.8
児童総数（人）	3,611	31,593	1,104	1,995	3,299

（注）＊は，調査項目としていない。

　まず，児童養護について，その実態を説明する。養護児童のおかれている現状については表 2-2 に「養護問題発生理由」を示している。終戦後は，両親のいない子どもが養護施設に多く入所しており，家庭の代替機能が求められていた。ところが近年は，親や家庭に起因する問題をもった子どもたちの措置が増加している。家庭の養育機能の変化によるものが入所理由の大きな要因になっている。厚生労働省の児童養護施設入所児童等調査（厚生労働省雇用均等・児童家庭局，2009）において入所理由の推移をみると，昭和 36 (1961) 年には親の死亡が第 1 位であったが，その割合は年々減少してきて，近年の入所理由としては，親の離婚・行方不明・長期入院が多くを占めてき

たが，最近では，これらに代わって親の虐待・酷使・放任・怠惰など親自身の問題から生みだされる事例が確実に増えてきている。

　また，同報告書（厚生労働省雇用均等・児童家庭局，2009）による，入所時の保護者の状況をみると，両親またはひとり親のいる児童が約83％となっているが，そのうち，実母のみが約36％で最も多く，実父のみが約13％である。このことは，ひとり親家庭において子どもを養育するのがかなり難しいことを示している。また，母子生活支援施設入所世帯の約53％が年間所得200万円以下で，一般家庭の平均の半分以下であることからも経済的にも養育が難しいことがうかがわれる。このような生活困難のなかで，アルコール依存や手軽な消費者金融へと走る親を子どもたちは見ている。そして，これらの状況によってさらに家庭崩壊へとつながる可能性が高くなる。一方で，家庭が社会的に孤立している場合も多いので，周囲の人に援助を求めることができずに子どもの要養護が深刻化している。

　平成4（1992）年の同報告書においては，入所時の保護者の状況をみると，最近の親の特徴としては，「親になりきれない親」や「親になろうとしない親」が増加している。「社会的成熟度」の項目で，経済的・精神的・生活的自立が考えられるが，これらの親の成熟度はいずれも自立段階に達しているとはいえない。とくに精神的自立の困難さが親の未熟さとなって児童養護問題の発生の契機となっていると思われる。つまり，親自身の未熟さがあるのに加えて，離婚や蒸発による精神的・経済的ショックや就労と育児との両立の困難さなどが，一層厳しい生活上の重圧となり，養護ニーズを増加させる結果となっていると考えられる。

　一方，親自身の環境的な問題においては，収入が低く経済的に安定していない親が多いということを述べたが，婚姻関係も内縁関係の割合が一般に比べると多く，別離する割合も多くみられ，社会的関係の希薄さがうかがわれる。さらに深刻なことは，親自身がその成育過程で十分な保護と愛情を受けてこなかったことがうかがわれることである。平成12（2000）年度東京都児童虐待の実態調査では，主たる虐待者では性格の偏りが約20％，精神病，神経症が約9％など，親に何らかの問題がある場合が約6割もみられる。そして，親の要因と虐待が行われた家庭の要因を重ね合わせてみると，経済的困難，就労の不安定，ひとり親家庭，夫婦の不和，孤立感などが親の精神状況と複雑にからみあい，虐待にまで至っている様子がうかがわれる。これらの状況から考えても，子どもばかりではなく，親自身も何らかの援助を必要としている存在である。

　このような何らかの問題を抱えて育ってきた親たちは十分な援助を受けることなく子ども時代を過ごし，不幸な生い立ちの中で人権を侵害されてきた人たちであるとも考えられる。これらの多問題家族に育った人は，二世代・三世代にわたって問題が悪循環を繰り返しているともいわれる。これら子どもの人権が侵されているうえに，その親の人権もまた侵されているという現実を突きつけられたとき，家族治療的な視点からの取り組みが必要になってくると思われる。さらに，このような養護にみられる問題は，1つの要因によって発生するというよりも，複合的な要因がからみあって起こると捉えると，これらの複合的な要因を個々のケースごとにていねいにみていくことが必要になる。

(2) 養護ニーズの多様化

さて、次に施設入所児童の現状についてみると（平成20年児童養護施設入所児童等調査）、不適応行動や問題行動のある児童が多くみられ、さらに施設入所時年齢が高齢化傾向にある。高年齢で入所してくる子どもの多くは、複雑な環境のなかで傷ついてきた経験が長いだけに、非行や不登校など、すでに深い問題を伴っていることが多くみられる。また、厚生労働省の調査では、学業不振・夜尿・失禁などの問題をもつ児童が多い結果となっているが、さらに知的障害や言語障害、身体虚弱等の障害をもつ児童も1割近くいる。この調査からは家庭環境が子どもの学力や精神状態に大きな影響を与えていることがうかがえる。こうした実態から専門性の高い養護の必要性が求められているといえる。

このような現実をふまえた今後の検討すべき方向性として次のことがあげられる。養護施設に入所してくる子どもたちのなかにも、児童自立支援施設、知的障害児施設、情緒障害児施設などの対象になるような事例が多くなっている。これは多様化・複雑化した現代社会を象徴しており、児童問題は養護問題・非行問題・情緒問題などと単純に分化しきれなくなっていることがうかがわれる。そのため、児童養護施設における児童への援助は複雑化しており、専門的な処遇の必要性が求められ、施策としては心理担当職員や個別対応職員の配置が進められている。また、従来、親指導は児童相談所で行っていたが、現実的には親と子どもの関係を調整する者は、子どもを理解しやすい立場からみても施設内にいる職員がよく、相互連携もとりやすいといえる。つまり児童福祉は本質的に家庭福祉と同義語であるから、児童養護施設においてもファミリー・ケースワークの果たす役割は大きく、その専門性の一層の向上は、児童養護施設にとって重要な課題といえる。

次に、地域において在宅支援を必要とする親の現状とその支援について説明する。近年、経済的に深刻な問題を抱えていなくても、子どもを育てることが難しくなってきている。すでに述べてきたように、わが国では一般的に家庭の養育機能が低下しているといわれているが、その要因には親の未熟さの他にさまざまな問題がからんでいる。ここでは養育する際の困難さについて2点あげてみる。第1点は、子育てをする際に神経質になりすぎて、ほどほどの距離がとれずにうまく子どもとかかわれない親が多くみられる。これは、親が子育てを完璧にしようとするあまり育児ノイローゼになり、子どもを情緒不安定にさせてしまうということにつながる。第2点は、育児の方法が世代間で受け継がれなくなったことで、母親が育児に自信がもてなくなっている。現在の乳幼児期の子育ては、従来のように世代間という縦の関係で受け継がれるものではなく、同世代の親同士や育児雑誌などのマスメディアという横の関係が大きな情報源となってきている。しかし、こうしたマスメディアから得られる情報は、平均的な発達に基づくものであり、個人差が大きい実際の育児には必ずしも適当ではない。そのため、中途半端な情報が多ければ多いほど、親の悩みは増すことになりやすい。

このような子育て環境の難しさに対して個々の子育て支援の必要性がいわれている。そして近年では、身近な地域の幼稚園や保育所など、地域の施設や機関に子育て支援の役割が置かれている。

ファミリー・ケースワーク
ファミリーソーシャルワーク（Family social work）のひとつである。クライエントが直面する問題を家族全体の中で捉え、家族関係のあり方に介入することで問題の解決・緩和を図ろうとする援助方法である。

(3) これからの児童養護の方向性

ここで，児童養護施設の今後の方向性についてみると，児童福祉法改正に伴い，児童福祉の理念も，旧来の「保護」から「自立支援」への転換が明確となっている。また自立支援の目的に向けては，とくに生活場面での子どもの自主性や自己決定を重要視し，地域活動への参加など生活経験の拡大に努めることが求められている（平成12年2月18日，厚生省児童家庭局福祉課長通知）。法改正後の入所施設には，養護を中心とする乳児院，児童養護施設（旧虚弱児施設をふくむ），母子生活支援施設がある。また矯正・治療を中心とする養護には児童自立支援施設，情緒障害児短期治療施設がある。さらに在宅での養護および子育て支援の施設には保育所や児童家庭支援センターがある。

従来の児童施設では，集団による養育においては，その基盤として集団を規制する一定のルールが定められることになり，それは施設の日課・処遇計画などに表れている。しかしながら，基本的には個別化が児童処遇の基本である。今後の施設のあり方としては，個別養護と子ども自身の自己実現が可能な施設としての整備が必要であり，従来の大舎的な養育から児童養護施設の生活環境を小規模にしていくことが求められている（地域小規模児童養護施設）。加えて，近年は，ファミリーホームや里親のような地域社会の養育力を活用し，個々の子どもの状況に合った養護形態が多様につくられることも期待されている。その他に，子ども家庭在宅サービス事業としてショートステイ，トワイライトステイがあり，これは親の入院や冠婚葬祭のために一時的な帰省をするなど緊急な場合や，父子家庭などひとり親家庭で午後から夜にかけて養育できない場合に援助するためのものであり，利用されている。

これらの子どもが置かれている状況からみても，処遇の難しい子どもたちの入所が増加していくと思われ，今後は，施設機能の専門化が一層必要となると思われる。

3. 障害のある子どもの現状とそのニーズ

(1) 障害のある子どもを取り巻く状況

わが国にもノーマライゼーションの考え方が取り入れられ，「障害者プラン〜ノーマライゼーション7ヵ年戦略」（平成7年）では，施設整備中心から在宅福祉対策へと施策の転換が図られた。今日，たとえどのような障害をもっていても，生まれ育った地域で暮らしていくことができるというのが，障害児・者施策の基本方針となっている。

さて，平成19年度に障害者自立支援法が18歳以上に施行され，子どもの施設利用も「措置から契約」へと変わった。平成24年度より障害者自立支援法および児童福祉法の改正がなされ，障害児の支援が強化された。これまで障害種別に分かれていた障害幼児通園施設が「児童発達支援センター」へと名称とともに機能が変わった。これは，障害児施設・事業の一元化という考え方を基本に，身近な地域で支援が受けられるように身体に障害のある児童，知的障害のある児童，発達障害を含む児童を対象に，どの障害にも対応できるようにするとともに，特性に応じた専門的な支援が提供されるように質の

ショートステイ

さまざまな社会福祉法制度のなかで，短期入所を行うことであるが，児童の場合は親の入院や冠婚葬祭などのために短期間施設入所することである。

トワイライトステイ（児童夜間養護事業）

仕事などの理由によって帰宅が恒常的に夜間に及ぶ場合に生活指導や夕食の提供を行う事業である。本事業は1991年に父子家庭などを対象に開始された。

ノーマライゼーション (normalization)

福祉の基本理念のひとつであり，国連が国際障害者年（1981年）および国連障害者年の10年の中で強調したこともあり国際的に浸透していった。障害をもつ人などに対して社会生活上において一人の市民としての権利を保障しようとした。

表 2-3　障害者数 (内閣府, 2011)

(万人)

	総数	在宅者	施設入所者
身体障害児・者 (資料1)	366.3	357.6	8.7
身体障害児 (18歳未満)	9.8	9.3	0.5
身体障害者 (18歳以上)	356.4	348.3	8.1
知的障害児・者 (資料2)	54.7	41.9	12.8
知的障害児 (18歳未満)	12.5	11.7	0.8
知的障害者 (18歳以上)	41.0	29.0	12.0
年齢不詳	1.2	1.2	0.0
精神障害者 (資料3)	323.3	290.0	33.3

(注) 1　精神障害者の数は，ICD10 (国際疾病分類第10版) の「V 精神及び行動の障害」から精神遅滞を除いた数に，てんかんとアルツハイマーの数を加えた患者数に対応している。
　　 2　身体障害児・者の施設入所者数には，高齢者関係施設入所者は含まれていない。
　　 3　四捨五入で人数を出しているため，合計が一致しない場合がある。
資料 1　在宅者：厚生労働省「身体障害児・者実態調査」(平成18年)
　　　　施設入所者：厚生労働省「社会福祉施設等調査」(平成18年) 等
　　 2　在宅者：厚生労働省「知的障害児 (者) 基礎調査」(平成17年)
　　　　施設入所者：厚生労働省「社会福祉施設等調査」(平成17年) 等
　　 3　厚生労働省「患者調査」(平成20年) 等

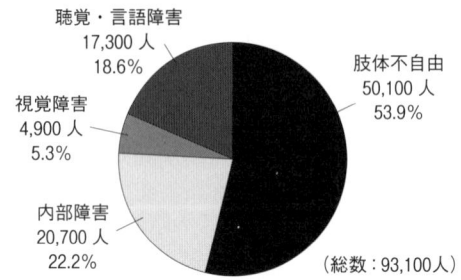

図 2-1　障害の種類別にみた身体障害児数 (内閣府, 2011)

　確保を図り，具体的に進めていくという方針である。このように障害児の支援施設には，通所型と入所型がある。通所型の障害児通所支援には福祉型児童発達支援センター，児童発達支援事業，医療型児童発達支援センターがある。児童発達支援センターには，従来の通園の機能に加えて保育所等訪問支援がある。そして，児童入所施設では，大きく福祉型と医療型に分かれ，知的・聴覚・視覚に障害のある児童は福祉型障害入所施設で，身体に障害がある児童 (肢体不自由) または重度の知的障害および重度の肢体不自由が重複している児童については医療型障害入所施設で障害福祉サービスが提供される。今回の改正は，地域で質の高い支援を児童が受けられる場を提供するためである。さらに入所施設も地域と通所型とつなぐように考えられている。
　ところで，心身に障害があるというのは，障害別にいうと知的障害および自閉症，肢体不自由，盲・ろう・あ，重複障害のことを指す。参考資料として，表 2-3 に「障害者数」を，図 2-1 に「障害の種類別にみた身体障害児数」を示す。

入所型施設か通園型施設かという選択についてみると，自宅から近いところに通園型施設があれば，在宅で親元から通えるのが望ましいことである。しかし，そうでない場合は居住型施設を選択することになる。つまり，親がいないなど何らかの理由により家庭で暮らすことができない場合，あるいは，重い障害や重複する障害によって家庭では養育が困難な場合，障害のために治療訓練が必要であるが近くに通園型施設がない場合，また近くに通学できる学校や学級がない場合には入所施設を選ぶことが多いようである。

(2) 障害の捉え方の視点

ところで，障害をどのように捉えたらよいかという視点はさまざまあるが，ここでは，生活の援助の視点から説明をする。まず，障害には知的理解に関連したもの，肢体不自由のような体の動きに関連したもの，視覚・聴覚のように五感に関連したものなど障害の種類があり，それぞれに重度から軽度の状態がみられ，かかわり方が異なる。生活をしていくには，これらの状態を観察分析し，子どもにとって何が困難であるかを捉える必要がある。その際に，障害そのものである一次的な障害とそれから引き起こされる二次的な障害がある。一次的障害は障害そのものなので能力に限界があるが，二次的障害は解決できる可能性が高いといえる。たとえば，知的障害児施設のなかで，対人関係がとりやすいダウン症の子どもと，対人関係が難しい自閉症の子どもへのかかわり方は異なる。自閉症児は特定のことにこだわり（一次的障害）がみられパニックを起こすことがあり，ダウン症児と同じようにかかわると，知らずに周りを巻き込んで友人関係が悪化してしまうこと（二次的障害）がみられる。このとき大切なことは，子どもを注意深く観察し，かかわっていく配慮である。とくに重度であるほど，保育者に細やかな観察能力とかかわりが要求される。

(3) 障害のある子どものニーズ

入所型施設の生活ニーズを含む養護の内容について説明をする。

障害児施設では，障害の種類が異なっても，基本的にはどの障害児施設でも障害児に配慮しながら，子どもが愛されていることを実感できる人的環境，日常生活を快適にできる物的環境を整え，家庭から離されることによる心の傷や障害があることで受けている心の傷などを癒すなど，障害のある児童が健やかに成長・発達をしていくための養護がなされている。

入所型施設において，知的障害，肢体不自由や盲ろうあの障害をもつ子どもたちは，家庭を離れて施設で365日生活することになる。そのため，食事や睡眠，入浴などの日常生活を快適に過ごすことができるように，保育士や児童指導員などの援助者が福祉サービスを提供している。つまり，安心して暮らすことができる人的環境，生活する施設の小規模化などをふくむ物的環境を整えることが必要である。さらに情緒の安定を図るための援助も行われ，それぞれの障害に合わせた配慮をして基本的生活習慣を身につけさせるための生活指導を行うことなどは他の入所施設と同じである。

実際に，入所している子どもたちは幼くして家庭を離れて生活するので情緒が不安定になる子どもも少なくない。また生活環境などによって生じる新たな障害によって情緒が不安定になったりする子どももいる。そこで，施設

では規則正しい安定した日常生活を目標にして生活のリズムを整えたり，一人ひとりの特性や発達に応じて個別に働きかけをするなど情緒を安定させるための援助が行われている。

ところで，生活訓練では，日常生活の基本的生活習慣の自立のために食事や排泄などの生活指導が主に行われている。肢体不自由の場合は，生活ができるような補助具などを用いて生活指導も行われている。このように身の回りのことができるようになることは，本人の生活の幅を広げたり生活の質を向上させることができるので，生活指導は施設の養護の重要な内容のひとつである。

次に，それぞれの障害施設の特徴についてみると，日常生活における基本的生活習慣を身につけさせ，快適な生活をさせるとともに，それぞれの特有の治療・訓練がある。

肢体不自由児医療型施設では，医師や理学療法士，作業療法士などによる医学的ケアに最も重点が置かれている。また肢体不自由児は早期療育が求められていることから，他の障害のある児童の施設に比べて幼児および学齢児童の利用が多くみられる。幼児の利用が多いので，地域の福祉サービスをより充実させて，地域や在宅で訓練を受けることができるような支援をすることが必要である。このように肢体不自由児医療型施設が地域の専門機関の拠点としての役割を担うことを期待されているのである。

盲ろうあ児のそれぞれの施設では，学齢期の児童が多くを占めている。彼らは盲学校や聾学校に通学し教育や訓練を受け，一日のほとんどを学校で過ごしている。そのため，施設では彼らに家庭と同じように日常生活を快適に過ごすことができるように福祉サービスを提供しているのである。同時に，それぞれの障害に応じて配慮して，基本的生活習慣はもちろん社会適応能力を身につけさせたりするための生活指導が行われている。このように社会生活をしていくうえで，視覚障害あるいは聴覚障害ができるだけ生活障害にならないようにするための指導や訓練が必要不可欠であるが，併せて障害のみに目を奪われることなくひとりの人間としての成長や発達を援助することも大切なことであるといえる。

重症心身障害児医療型の施設には，寝たきりの児童もいれば，ある程度は活発に動くことができる児童もいるので，養護の内容も多様である。しかし，基本的には医療や看護による健康管理や治療などが基盤となる。そのうえで生活指導が行われたり，情緒面に働きかけ生活を豊かにするためにペインティングなどの自由絵画や楽器によるリズミックな音楽など感覚的な刺激による活動が行われている。重症心身障害児医療型施設は在所者数も増加しており，社会的にニーズの高い施設であるので，今後も整備，拡充，養護内容の充実が必要である。また地域や在宅の重症心身障害児童を支えるための拠点としての機能をさらに整備していくことが求められる。

近年は，視覚障害や聴覚障害と知的障害が合併する重複障害が多い傾向がみられる。これに対応するために，養護にあたる援助者には，より高い専門性が求められるとともに，歩行訓練や言語療法など各分野の専門家と連携していくことが必要となる。

さて、児童発達支援センターについてであるが、幼児期に小学校に就学するまでの間に通う施設がほとんどである。それぞれの障害に対して、日常生活に必要な基本的習慣の動作の習得やコミュニケーションの方法を学ぶこと、発達の促進などをふくめた療育を行う場である。同時に、親と子の在宅での生活を支えるために親の指導・相談などを行う障害児相談支援の事業もある。さらに肢体不自由をもつ子どもに対して、それぞれの障害の部位に合った自助具や装具を用いて日常生活の動作の獲得を行っている。

ここでは、障害をもつ子どもだけではなく、障害をもつ家族の支援も必要になる。障害をもつということは、それ自体でも困難なことであるが、それに加えて療育の付き添いや病院の付き添いなどで母親の負担が多くなり、他の家族メンバー等の協力が得られない場合に家庭が崩壊する可能性も高いのである。

近年では、学習障害（LD）や注意欠陥多動性障害（ADHD）、高機能障害、アスペルガー症候群などの広汎性発達障害の不適応行動が取りあげられているが、従来、彼らは生活能力に大きな障害がみられないので、主に学校教育などで問題になってきており、最近は発達障害として支援の対象とされている。

4. 保育士としての学ぶ視点

児童福祉施設の保育士が、養護の必要な子どもたちとかかわるためには、どのような学習をしなければならないかを考えてみよう。

保育士養成において、多くの学生が保育理論や保育技術を主に机上で学んでいるが、そのなかでも、子どもの発達および障害の知識などの科目を、さらに深く学習する必要がある。また保育の実践面においては、子どもに寄り添い共感しながら、保護者（大人）として子どもに愛情を注げることが大切である。またきめ細やかな、その状況に合った対応を根気よく続けていくことが保育者の資質に求められる。

ここで、子どもとかかわる際に重要な視点を2つあげる。

(1) 子どもの心理的背景を見る視点

子どもをひとりの人間として尊重することはもちろんであるが、同時に保育者はその子どもが起こす問題行動の心理的背景を理解することが必要である。たとえば、3歳の知的障害をもつ子どもが、突然に泣き出し他児に乱暴することがみられたとする。このときに"他児に乱暴する"という行為を問題行動としてみるのではなく、起こった現象がなぜ起こったのかを保育者が考えることが必要である。障害をもっていれば、当然問題を起こすのではないかという見方ではなく、子どもの心の動きに目を向けることである。つまり表面にみえる行動だけではなく、障害などでみえにくい心理的背景がどの子どもにもあるということを知っておく必要がある。そして、子どもに対する共感と洞察を忘れてはならない。

(2) 専門的学習の視点

　障害をもつ子どもは,「障害をもつ」ことにより，各々問題が異なる。たとえば，聴覚障害の子どもは，聞き取りが難しいので，話しことばによる会話では他者に誤解されることもある。このとき，その子どもの聴覚がどの程度の会話を聞き取れるかを保育士が学習する必要がある。それぞれの障害に応じて専門の対応があるので，各専門の学習をしていく必要がある。

　これまで述べてきたことは，児童の施設は，集団で行われる家庭の代替施設から，被虐待児・不登校児・非行・軽度の精神障害・知的障害など個々の児童の問題に応じて対応できる"生活治療施設"へと変わりつつある。このようななかで，ノーマライゼーション機能として，「社会的養護」の分野では入所施設中心のサービスシステムが大きく変わろうとしている。そして在宅支援の拠点への変貌，地域のなかへ小規模施設へと移っていく状況にある。これらをふまえて今後の支援のあり方を模索していくことが重要である。

学習課題
1. 子どもの社会性の発達について調べてみよう。
2. 養護に問題のある子どものニーズについてまとめよう。
3. 障害をもつ子どものニーズについてまとめよう。

引用文献

Bowlby, J.　1951　Maternal care and mental health: A report prepared on behalf of the World Health Organization as a contribution to the United nations programme for the welfare of honeless children. Geneva: World Health Organization.

Bowlby, J.　1958　The nature of the child's tie to his mother. *International Journal of Psycho-Analysis*, **39**, 350-373.

古川　聡・福田由紀（編）　2002　発達心理学　丸善

加藤伸司・中島健一（編）　2002　社会福祉士養成テキストブック13　心理学　ミネルヴァ書房

厚生労働省雇用均等・児童家庭局　2009　児童養護施設入所児童等調査結果の概要

村瀬嘉代子（監修）　2002　子どもの福祉とこころ　新曜社

内閣府　2003　障害者白書　平成23年版　国立印刷局

日本子どもを守る会（編）　2004　子ども白書2004　草土文化

新・保育士養成講座編纂委員会（編）　2002　養護原理　全国社会福祉協議会

Thomas, A. & Chess, S.　1963　*Behavioral individuality in early childhood*. New York University Press.

参考文献

古川　聡・福田由紀（編）　2002　発達心理学　丸善

北川清一（編著）　2000　新・児童福祉施設と実践方法　中央法規

黒田実郎（監修）　1985　乳幼児発達事典　岩崎学術出版社

松本峰雄（編著）　2001　新版子どもの養護　健帛社

小田健三・石井　勲（編）　1982　養護原理　ミネルヴァ書房

祐宗省三（編著）　2003　ウェルビーイングの発達学　北大路書房

辰巳　隆・岡本眞幸（編）　2003　保育士をめざす人の養護内容　みらい

Ⅱ 児童福祉施設の実際

家庭環境に問題のある児童のための施設 3

1. 児童養護施設

(1) 目 的

　児童養護施設は,「保護者のない児童（乳児を除く。ただし,安定した生活環境の確保その他の理由により特に必要のある場合には乳児を含む。）,虐待されている児童その他環境上養護を要する児童を入所させて,これを養護し,あわせて退所した者に対する相談その他の自立のための援助を行うことを目的とする施設」（児童福祉法第41条）である。

　私の勤務する児童養護施設（聖華園）では,児童の個性を損なうことなく人格の形成を図り,心身ともに健全な社会人として,将来自立できるよう支援していくことを目的としている。

　また,被虐待児童については心理職の導入を行い,カウンセリングを実施することで心のケアにも取り組んでいる。

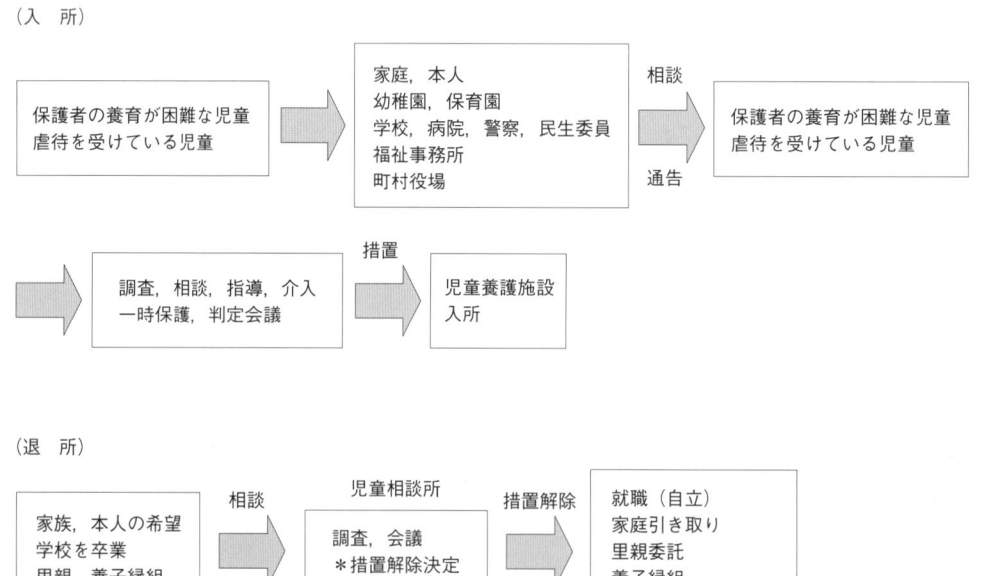

図3-1　児童養護施設における児童の入所および退所の流れ

表 3-1　被虐待児童の各年度別の推移

年度	身体的虐待 男	身体的虐待 女	性的虐待 男	性的虐待 女	ネグレクト 男	ネグレクト 女	心理的虐待 男	心理的虐待 女	合計
18	3	3		1	10	15	3(1)	2	37
19	2	4			11	15	3	2	37
20	4	5			11	13	2	2	33
21	5	6			10	12	4	2	39
22	5	6			5	11	3	3	33
23	6	5			6	12	6(2)	3	38
24	4	4			7	12	5	2	34

（注）1　（　）内はDV（ドメスティック・バイオレンス）の目撃による心理的虐待数
　　　2　施設の定員は70名

(2) 対　象

一般的には，保護者のない児童，虐待されている児童，その他環境上養護を要する児童が入所している。

聖華園を例にとると，離婚，行方不明，死亡，母子家庭，父子家庭，入院，拘禁，経済的な理由，養育が困難等のさまざまな理由があげられる。しかし近年では被虐待児童の入所が急増し（表3-1），利用児童の約半数がこれに相当する。また被害体験やDV，知的障害，精神疾患等の問題を抱える親の増加が目立っている。

また，離婚，未婚での出産などひとり親，あるいは再婚，婚姻関係をとらない（内縁）など家族形態が多様化している。そのような養育環境のなかで育つ子どもたちの心身に及ぼされる影響は深刻である。

(3) 支援・援助・保育内容

聖華園では，児童の支援，援助，保育の内容を次のように分けて取り組みを行っている。

1）衣食住について

衣類については常に清潔を保ち，利用児童の年齢，個性に合ったものを着用させている。また，1人当たり年間2万円の予算を組み，個人の好みに合わせ，担当の職員が付き添って購入している。

食事については，新鮮な材料を使って調理し，利用児童の栄養所要量を満たした食事を提供している。また，児童の個人差や体調，疾病，アレルギー等に配慮している。

住については，生活の場として安全性や快適性に配慮し，嗜好も考えながら，明るい環境のもとで生活ができるように配慮している。

2）生活援助について

利用児童には，温かい愛情と，はつらつとした家庭生活の雰囲気がある環境づくりに努めるとともに，他人を思いやる心を育て，自主性や自立性を尊重した日常生活の援助ができるように配慮している。

表3-2 聖華園児童の主な日課

平日（小・中・高校生）	平日（幼児）	休　　日
6：30　起床，洗面 6：50　朝食 7：30　登校 　　　　（小中高校にて勉強） 16：00　帰園 　　　　小学生学習 　　　　おやつ 18：00　掃除 18：30　夕食 19：00　入浴 20：00　中高生学習 21：00　小学生就寝 22：30　中高生就寝	7：00　起床 8：00　朝食 9：00　登園 　　　　（幼稚園にて保育） 10：00　おやつ 　　　　（3歳未満児は園で保育） 11：30　昼食 12：30　午睡 15：00　帰園 　　　　おやつ 17：30　夕食 18：15　入浴 20：00　就寝	7：00　起床，洗面 7：30　朝食 8：30　学習 10：00　行事等 12：00　昼食 15：00　おやつ 18：00　掃除 18：30　夕食 19：00　入浴 21：00　就寝

3）教育について

　幼児教育については，言語発達育成のため，遅れのある児童については言語訓練に通わせて早期の対応を行っている。また幼児の保育については，近隣の幼稚園で3歳児から幼稚園教育を受けさせている。

　また，生活の場である園内では，家庭で行う「養育」や「しつけ」を重視して幼児の保育を行っている。

　小学生については，個人の能力に合った課題プリントを準備して，学校の宿題以外に取り組ませている。

　中学生については，本人の能力に応じて，県立，私立高校に進学させている。

　しかし，大半の児童が，勉強のできる環境には恵まれずに入所してきているため，基礎学力に欠ける児童が多く，その児童に応じた能力別学習指導強化に努めている。また，週5日制の対応として，社会資源（歴史資料館，宇宙科学館，美術館，公共の交通機関の利用練習等）を利用した園外活動にも力を入れている。

4）地域社会との交流について

　当園近隣の社会福祉施設（養護老人ホーム・身体障害児施設）の訪問や地域の子どもクラブ行事への参加，交流を積極的に行い，施設や利用児童への理解を深めてもらうとともに，児童には地域の一員としての自覚をもたせるようにしている。

　また，地域の要望に応えて，グラウンドや学習室の開放を行い地域の方々に利用していただいている。

事例

　父親の身体的虐待によって入所した児童の事例。

　父親はアルコール依存で酒を飲むと暴力を振るい，警察の介入により児童は児童相談所に一時保護され入所となる。入所時には父親が酒を飲み面会に来る可能性があったため，警察署，駐在所に緊急時の対応，協力依頼をする。その後父親は治療のため入院となる。治療も順調に進み，児童を連れて時々病院へ面会に行き，父親との関係修復を図る。

　家族の再統合へ向け調整としては，当園のファミリーソーシャルワーカー，病院の医師，看護師，ソーシャルワーカーおよび児童相談所，福祉事務所と連絡，連

> 携，協議を行い家庭復帰に向けての調整会議を数回重ねた。
>   現在父親は退院し，児童の引き取りに向け再就職をし，面会・外泊の許可が児童相談所から出るようになり，家庭復帰に向け調整中である。

(4) 今後の課題

　現在全国には575か所の児童養護施設があり，2歳～18歳の児童約3万人の子どもたちが親元を離れ生活している（厚生労働省福祉行政報告，平成22年3月末現在）。以前は「特別な家庭の問題」として扱われていた児童養護の問題が，現在では虐待の増加に伴い，「すべての家庭に起こりうる問題」へと様変わりし，施設に求められる役割も「家庭の代替」から「養育と治療的なかかわりの場」，へと変革している。また「安心で安全に生活できる環境」が求められている。

　また虐待で傷ついた子どもたちへの援助として，カウンセラーによる心理療法を取り入れ，『心のケア』を実施するとともに，児童の家庭への再統合を円滑に進めるための家庭支援専門相談員（ファミリーソーシャルワーカー）が平成16（2004）年4月から全施設に配置され，入所児童の早期家庭復帰に向けての支援も今後の重要な役割になってきている。

　しかし，「虐待をしてしまった親（家族）」への養育支援（虐待防止や再発防止，養育技術の習得など）やケアをどのように支援してどの機関（児童相談所，児童養護施設，市町村の行政機関，民間の団体など）がかかわりをもっていくのか，また児童が施設を退所し，家庭復帰した後の家族生活をどの機関が見守っていくのかが最大の課題である。

　家庭と継続的なかかわりをもつことで，さまざまな問題解決の糸口を見つけ出せば児童の健全な成長が促進されるものと考えている。そのためにも虐待防止のネットワークの構築と各関係機関との連携の確立が最も重要な課題といえる。

学習課題

1. 児童養護施設で生活する子どもたちの現状を理解し，自立の支援について考えてみよう。
2. 家庭再統合に向けた支援と課題について考えてみよう。
3. 社会的養護の今後について考えてみよう。

虐待について

　近年虐待による児童の入所が著しく増加している。このコラムでは，虐待について厚生労働省が示す例を用いて，どういう行為が虐待にあたるのかを紹介する。
　①身体的虐待
　殴る，ける，溺れさせる，異物を飲ませる，戸外に締め出すなど。
【児童虐待防止法第2条第1号】
　②性的虐待
　子どもへの性交，性的行為の強要，性器や性交を見せる，ポルノグラフィーの被写体に子どもを強要するなど。
【児童虐待防止法第2条第2号】
　③ネグレクト（保護怠慢ないし拒否）
　家に閉じ込める，病気や怪我をしても病院に連れて行かない，適切な食事を与えない，ひどく不潔なままにする，自動車内や家に置き去りにするなど。
【児童虐待防止法第2条第3号】
　④心理的虐待
　言葉によるおどし，脅迫，無視，兄弟間の差別的な扱いなど。
【児童虐待防止法第2条第4号】

　＊児童虐待防止法の見直しに伴い，DV（ドメスティック・バイオレンス），夫婦間，親しい間柄の暴力を子どもが目撃すること（心理的虐待），保護者以外の同居人による虐待を放置すること（ネグレクト）も虐待にあたる。

2. 乳児院

(1) 目　的

　乳児院は，「乳児（保健上，安定した生活環境の確保その他の理由により特に必要のある場合には，幼児を含む。）を入院させて，これを養育し，あわせて退院した者について相談その他の援助を行うことを目的とする施設」（児童福祉法第37条）である。平成16（2004）年の法改正で，とくに必要がある場合には，幼児も対象になった。

(2) 対　象

　乳児院で保護される乳児は，「父母が死亡，行方不明となっている乳児」「父母が養育を放棄している乳児」「父母が疾病等で父母による養育が困難な乳児」であり，具体的には遺棄児・母親の出産や入院・離婚・婚姻外出産等により，家庭で養育不可能な乳児が対象である。なかには，出産前から入所を予定し，生後5日前後で産院より直接入院してくるケースもある。このようなケースは近年増加傾向にある。とくに，社会現象として問題になってい

る出会い系サイト等がきっかけで，未成年の妊娠，出産が多くなったことも理由のひとつである。

(3) 養育（保育）内容[1]

　乳児院は，24時間体制で看護師・保育士その他の専門職員が，乳幼児を養育する施設である。乳児院の養育機能としては，乳児の個々の成長・発達過程に応じた生活環境（衣食住）の提供を通して，心身の健康の維持・増進を図るといった保護的側面と，乳幼児期に必要な，いわゆる「しつけの5領域（食事・睡眠・排泄・衣服の着脱・清潔）」・言語の習得・遊びの展開など，基本的生活習慣の確立を促す教育・保育的側面がある。具体的に，養育内容は次のとおりである。

1）基本的なかかわり

　乳児院に入所している乳児は（短期入所は別であるが），あらゆる意味で親から養育を拒否された子どもであると考えなければならない。養育者は，その心の傷を少しでも癒すために，どの乳幼児にも愛情をもってかかわることは当然であるが，言語的コミュニケーションが困難な乳幼児が対象であるため保育士は，一時的欲求だけではない，一人ひとりの複雑な思いを感じ取ってかかわる必要がある。彼らの入所に至るまでの経過や家族構成など，背景要因を十分に理解したうえでのかかわりが必要だといえる。

　基本的には，24時間の養育のなかで，時間に流され子どもたちの全体像を見失わないように留意して養育にあたらなければならない。

2）障がい乳幼児とのかかわり

　近年の医療の発達に伴い，複雑な病気や障がいをもった乳幼児も多くなってきた。乳児院の後は，児童の目的や症状にあった施設（養護施設，知的障害児施設，肢体不自由児施設等）を選択（措置の範囲であるが）できる。しかし，「対象」で記述したように，2歳までの養育の困難な乳幼児は障がい児であっても受け入れなければならないのである。また，在所期間に障がいがわかることもある。養育者は，障がいに対する知識や障がい児への対応を理解したうえで，養育にあたらなければならない。

　それぞれの乳幼児の，発達段階に応じて遅れがないかをチェックし，時には専門機関（児童相談所や小児科医）に相談したり，入所時より何らかの異常がある乳幼児は，専門機関（小児科医や専門医，療育センターなど）と連携を取り，治療を前提とした養育を展開しなければならない。しかし，その障がいや発達の遅ればかりに養育者が気を取られ，「レッテル」を貼ってしまわないように，気をつけなければならない。他児との比較を避け，それぞれの発達を温かい目で見守ることが重要なのである。基本的なかかわり方は，どの乳幼児に対しても同じである。その子どもに必要な養育（かかわり）が必要な時期に，適切に与えられることが大切なのである。養育者には，その子に必要な養育（かかわり）をいつ，どのくらい，どのような状態で与えるべきかを判断する決断力と観察力が必要なのである。

---

[1] 乳児院は養護機能と保育機能をあわせもつという点で，あえて「保育」ではなく「養育」と表記する。

3）被虐待児へのかかわり

　近年では家族の虐待により，緊急に保護する乳児も多くなってきた。乳児の場合，コミュニケーションの手段が少なく，閉鎖された空間に生活しているため，発見・保護が遅れることが少なくない。救急病院からの通報が発見されるきっかけになることも多く，なかには心の傷だけでなく，脳挫傷など後遺症として大きな障がいを背負って入所する乳幼児もいる。

　被虐待児の場合，月齢が高くなるほど乳幼児は表情が硬く，心を開いてくれるまでに時間を要する傾向にある。また，他児や人形を叩く，髪を引っ張る，玩具を投げつけるなど粗暴行為が目立つ幼児，自傷行為がある幼児など受けた虐待の違いなどで反応の出かたはさまざまである。他児に危険を及ぼさない限り，粗暴行為に対しては「いけない」と禁止するのではなく，抱きしめるなどの心理的かかわりが必要になってくるといえる。

　また，同様に親とのかかわりは慎重に行わなければならない。とくに，親が虐待をしたという自覚がなく，緊急措置で保護されたケースの場合，子どもを取り上げられた，という意識から児童相談所はもちろん施設にも良い印象をもっていないことが多い。家庭復帰前は，地域の保健師や児童相談所と連携を取りながら，虐待を繰り返さないために，保育士，看護師，栄養士それぞれの専門分野の事前指導を行うことも大切である。

4）医療面でのかかわり

　乳児は，疾病にかかりやすく，症状も急変するため，日常の健康管理が必要である。最低1日2〜4回の検温と，外気温，室内温度，湿度の観察と調節をするとともに，衣類の調節などを心がける。さらに，日頃の乳児への目配り・気配り（食欲や排泄状況，情緒面）に気をつけ，小さな変化を見逃さないように行動観察をし，細心の注意を払うことが必要である。とくに，母体からの免疫力が少なくなる生後6ヶ月頃（初乳を飲んだかどうかの有無や母乳で育ったかどうかの有無によっても違いがある）から，疾病への罹患率は高くなる傾向にある。とくに，突発性発疹や耳下腺炎，水疱瘡，嘔吐下痢症などの伝染性の疾病は，手遅れになると命の危険性が出てくる場合もある。

　近年，乳幼児突然死症候群（SIDS）が問題になり，その理解と事故予防のための研修会も開かれるようになった。「小さな命」を守るために看護師・保育士が対策を検討し，うつぶせ寝の廃止やベビーセンサーの導入，夜間の15〜20分ごとの巡視など，実践を重ねている。

5）家族とのかかわり

　子どもとのつながりが途絶えないように，将来家族のそばで暮らせるように，家族との連絡を取ることも大切な保育士の仕事である。「おたより」や写真などを家族に送ったり，行事の参加を依頼するなど，本人の存在を家族にアピールする効果もある。

　また，家族が面会に来たときの対応も重要である。乳幼児の発達のなかで「人見知り」はどうしても避けては通れないものである。この時期の子どもは，たまに来る親や家族よりも24時間直接養育している養育者に親近感をもっているものである。それをみた家族のなかには，「この子は自分の子どもなのに私を嫌っている」「かわいくない」と思われる家族も多くみられる。そ

のようなとき養育者は，この子は養育者を頼りにしているという言動は避け，「人見知り」の時期であること，そういう時期だからこそ面会を密にして親子のかかわりを大切にしてほしい，と説明し子どもと家族のつながりが切れないような配慮をすることが必要である。時と場合によっては，親子の時間を作れるように場所を提供することもある。また，特別養子縁組希望の乳幼児には，今後，家族になるであろう子どもの欲しい家族が面会に来られる場合がある。子育て経験のない新しい親は，かかわり方に戸惑いをもつことも多く，他の子どもが寄ってくると，対象児以外の子どもに親近感を感じ，関心を示される場合もある。養育者は家族に対し，対象児に関心が向くように配慮し，なるべく個別でかかわれるような場面設定と，困ったときにいつでも助言できるような気配りが必要である。

事例 2

Aちゃんの母親は，知的障がい者であり，結婚後，母親の叔母宅から通勤し仕事をしていた。Aちゃんを出産したが，養育能力がないとの理由で，Aちゃんは入所してきた。入所時，母親がAちゃんの髪を茶色にカラーリングしているなど養育できる状態ではないことがうかがえた。入所後のAちゃんは乳児院での生活にもすぐ慣れ，とくに大きな発達の問題はみられなかった。一方，母親は，同居している叔母から身体的，金銭的虐待を受けており，働いた給料は，搾取され，Aちゃんへの面会時の交通費さえも持っていなかった。時々，面会時に母親の腕などに青あざを発見することもあり，当初は，何かあったら福祉事務所等へ相談に行くようにとアドバイスをしていたが，母親はなかなかすぐに行動ができず，時が過ぎた。後日，母は保護施設に保護された。

現在では，障がい者の生活支援のシステムも整備されてきており相談機関も増えてきたため，母親の自立の時期を待って親子で暮らせる日が来ることも可能であろう。

乳児院の保育士は，家族構成等も複雑であり，抱えている問題も深刻であることから，子どもの安全を確保するだけでなく，その家族の安定した生活が営めるように，精神的に支えるのはもちろんのこと，場合によっては，社会資源の情報を提供することも大切な役割のひとつであるといえる。

6）他職種との連携

乳児院は，小児診療救済事業から始まったということや，対象が乳児であるということから，医療的ケアを重視する施設のひとつである。職員配置をみても，直接養育職員は看護師であり，その代替職員として保育士，児童指導員が位置づけられている。他職種との連携が重要なのはどの施設にもいえることであるが，乳児院はとくに他職種の職員が，同じ現場で仕事をするという特異性があるといえる。看護師は乳幼児を医療面から支え，保育士は，乳幼児の生活面を発達や福祉の立場から支えていくことが基本である。この2つの異なる職種が，バランスを保って乳幼児の生活全般を支えるために，連携しながら養育にあたる必要がある。

外部組織との連携では，家族に関することや退所後の進路だけでなく，乳児院は他児童施設にはない一時保護機能を備えていることから，児童相談所とのかかわりが重要である。同様に地域の保健師や産婦人科・小児科等の医

2　事例に関しては，個人情報保護法により一部内容を変更している。

療機関などとも連携を取っていく必要がある。さらに退所後の受け入れ先である，養護施設や障害児施設などとも連携が必要である。

> **事例**
> 　B君は生後4ヶ月で入園してきた。B君の母親は，10代でB君を婚外子として出産ししばらくは養育していたが，母親が家出をしたことが理由で入所してきた。その後も母親は，B君の養育をできる状態ではなかったが，祖母が母親代わりのように面会に来て，B君と家族のつながりも安定していった。そのうち母親の生活も安定してきたが，乳児院を退所後もしばらくの間は養護施設入所を希望されていた。祖母は，児童相談所にその旨希望を伝えると，担当児童福祉司から「希望の養護施設に措置替えできるかどうかわからない」と言われたと話される。施設からも，希望の養護施設へ措置替えできるように児童相談所に申し入れをするが，自宅から離れた養護施設に措置が決まり措置変更になった。
> 　家族の思いを，乳児院として会議等で代弁をしてきたが，家族の意向に添うことができなかった。
> 　「措置」制度であることや他機関との連携の難しさを痛感したケースである。

7) その他

　この時期の乳幼児の身体的・精神的発達は目覚しく，直接かかわっている養育者の影響は大きいといえる。そこで，各乳児院では，愛着（アタッチメント）や信頼関係（ラポール）を確立するために，担当制の導入や，とくに手厚いケアを要する乳児には小規模グループによるケアを行うように工夫をしている。また，家庭環境上の理由により入院している乳児は「養育母親」による一時帰省など，施設外での生活体験をさせるように配慮している。さらに，施設での沐浴の経験しかない入所児には，家庭用浴槽を見て怖がる乳幼児もいるため，施設内に家庭用浴槽を設置し，職員と一対一で入浴を体験させるなど，少しでもホスピタリズムを解消できるように工夫をしている施設もある。

　養育者として，基本的な知識をおさえることは当然であるが，日々成長し続ける子どもの養育は基本どおりにいかないことのほうが多く，柔軟に対応できるように日々の乳幼児に対する観察が重要であるといえる。そのかかわりのなかで，日々子どもたちの言動に驚かされることも多く，毎日が発見の連続である。養育者である私たちが，彼らから学ぶことも多い。多大な可能性を秘めた乳幼児の養育者は，柔軟性と応用性のある，心から子どもと楽しめる保育士であってほしい。

(4) 今後の課題

　乳児院に措置される乳幼児は，虐待や遺棄等，緊急性をもって保護された子どもたちである。この乳幼児に対する人権擁護は，保護だけにとどまらず，乳幼児の生命と成長・発達を守り育み，人格形成をめざした養育機能を包含している。今後も緊急保護の側面から，措置制度が適当であると考えられる。しかし，人権的福祉を措置手続きに反映するために，今後はインフォームドコンセント（入所時の事前説明と同意）や施設の選択等，保護者の意向を十分にくみ上げて留意しなければならない。現実には生命的な緊急保護を必要とする場合が多く，乳児の権利を擁護するために，乳幼児を緊急に保護し，入所させうる行政的システムを今後とも継続していく必要があると思われる。

今後は，地域福祉の社会資源のひとつとして，子育て支援サービス事業としての「子育て支援センター」の新たなシステムの構築や「乳幼児ホーム」構想，「虐待ケアセンター」のモデル事業など，地域の家庭福祉への支援に向けて専門的な役割を果たす機関として『乳児院』の施設としての役割が期待されている。

学習課題
1. 乳児期・幼児期における発達段階の特徴をおさえ，乳幼児を養育する際の留意点をまとめよう。
2. 乳児院における保育士の役割をまとめよう。
3. 他職種との連絡調整など連携について調べよう。

参考文献
網野武博　2002　児童福祉学　中央法規
小鳩乳児院　1998　乳児院における家庭福祉支援システムの構築　月間福祉
下田　正・岡村純一・栗田喜勝（編）　2004　実践子ども家庭福祉論　中央法規
全国乳児福祉協議会（編）　2000　乳児院50年のあゆみ

3. 母子生活支援施設

(1) 目　的

母子生活支援施設は，「配偶者のない女子又はこれに準ずる事情にある女子及びその者の監護すべき児童を入所させて，これらの者を保護するとともに，これらの者の自立の促進のためにその生活を支援し，あわせて退所した者について相談その他の援助を行うことを目的とする施設」（児童福祉法38条）である。施設入所から3年以内の自立をめざし，一人ひとりを大切にした支援を行っている。

平成10（1998）年の児童福祉法改正により，「母子寮」から「母子生活支援施設」へ名称が改称され，その目的も母と子どもの「自立の促進のためにその生活を支援し」として，「保護する」から「保護するとともに，生活を支援する」と改正されている。

平成16年の児童福祉法改正では，「退所した者について相談及びその他の援助を行なうことを目的とする」と規定され，支援の対象者は退所した利用者まで拡大した。平成14年の厚生労働省による「母子家庭等自立支援対策大綱」では，母子生活支援施設は「母子生活支援施設や住宅など自立に向けた生活の場の整備」のもと，地域で生活する母子への子育て相談・支援や保育機能の強化，サテライト型などの機能強化が求められている。また，DV（ドメスティック・バイオレンス）被害者保護においても「改正DV法」による一時保護施設として，母子生活支援施設が最も多くなっており，DV保護から自立支援を進めるための重要な施設となっている。

このように母子生活支援施設に求められる機能について，施設で生活する母子家庭等と地域全体（ひとり親家庭）に対して表3-3に示すように，母子

母子生活支援施設
平成18（2006）年4月において，全国に287施設があり，4,092世帯10,544人の利用者が生活している。施設の運営形態は「公設公営」「公設民営」が6割，「民設民営」（社会福祉法人）施設が4割で，職員数は2,417名である。

DV（ドメスティック・バイオレンス）Domestic Violence
夫・恋人や過去にそのような関係にあったなど，親しい関係にある（あった）配偶者から受ける暴力のこと。
暴力とは，①肉体的暴力（相手を殴る・蹴る・火傷を負わせる・脅すなど，実際に肉体に危害を与えること），②精神的暴力（暴言等で相手を精神的に追い詰めること等），③性的暴力（避妊に協力せず意に反して性的行為を強要すること等）をいう。また，子どもの目前で暴力を見せ，子どもを危険な目にあわせる等の行為を，子どもを利用した暴力と呼ぶ。

表 3-3　母子生活支援施設の機能

施設で生活する母子家庭等	地域全体（ひとり親家庭）
■ 生活と権利擁護の拠点 (1) 癒しを得ることができる生活環境 (2) 相談 ・日常的ストレス対応 ・生活相談（諸サービスの利用，自立にむけての準備） (3) 生活支援と生活に関するスキルの向上 ・生活スキルの習得 ・制度活用のサポート（アドボケート） (4) 子育て支援と子どもへの支援 養育技術の習得／しつけ／生活習慣／保育／学習指導／遊びの指導／進路相談／被虐待児支援（心理サポートを含む）／障害児への支援 (5) 健康維持のための支援 治療のサポート／服薬サポート (6) 就労支援 (7) 危機対応 (8) アフターケア	(1) 地域支援・子育て支援 学童保育／ショートステイ トワイライトステイ／保育機能強化等 (2) 危機対応 ひとり親／単身／被害者支援 (3) 相談機能（電話相談含む）

「母と子の権利擁護と生活の拠点をめざして～全国母子生活支援施設協議会　特別委員会報告書～」（平成 17 年）より

の生活保障と子どもの発達保障，権利擁護の視点から提示されている。

(2) 対　象

入所対象者は，18 歳未満の児童を養育している配偶者のない女子（現在婚姻関係にない女子や未婚の母もふくまれる）である。

また，準ずる女子として，①配偶者が生死不明の者，②配偶者に遺棄された者，③配偶者が海外に拘留されている場合，④配偶者が法令により拘留されている者，⑤配偶者が心身の障害のため，長期にわたり療養中で労働者を失っている場合等である。

母子の主因となる入所理由を表 3-4 に示す。平成 19（2007）年度全母協による実態調査によると母子生活支援施設の入所世帯のうち「夫などの暴力」（48.7％）が最も多く，次いで，「住宅事情」（22.0％），「経済事情」（10.8％）である。

つまり DV が主因で入所する母子が多いという。そして，入所世帯のうち，

表 3-4　入所した主因となる理由

夫などの暴力	48.7%
住宅事情	22.0%
経済事情	10.8%
入所前の家庭環境の不適切	7.3%
その他	6.8%
母親の心身の不安定	2.0%
児童虐待	2.2%
職業上の理由	0.2%

「平成 19 年度全国母子生活支援施設実態調査」より

DV 防止法
「配偶者からの暴力の防止及び被害者の保護に関する法律」として平成 14（2002）年に施行され，夫や恋人からの暴力が「犯罪」として正式に認識された。被害者が生命または身体に重大な危害を受ける恐れがある場合，加害者から引き離す「保護命令」をだすことができる。都道府県には「配偶者暴力相談支援センター」設置が義務付けられ，相談や一時保護などの支援が整備された。2004 年の改正では，暴力の定義に「精神的暴力」を加え，国および地方公共団体の責務として「配偶者からの暴力を防止するとともに，被害者の自立を支援することを含め，その適切な保護を図る」と改められた。

全母協
全国母子生活支援施設協議会の略。
母子生活支援施設事業の発展と母子福祉の推進を目的として，昭和 31（1956）年に設立された。なお，平成 10（1998）年の児童福祉法改正に伴い全国母子寮協議会から名称変更し，現在に至る。

身体障害，知的障害，精神障害がある割合は23.5％，母親が外国人である割合は10.0％と，これらは増加傾向にある。

さらに，入所した母親の70.3％が就労しているが，5万円〜10万円未満の非正規雇用が多い状況である。そのため，就労収入だけで世帯を支えるには厳しいので，生活保護を受給している（入所就労世帯の4分の1）。

(3) 母子生活支援施設「T園」

S市立母子生活施設T園は，県立母子寮と市立母子寮が老朽化したため，昭和54年，2つの施設を合併し新設された。以下，T園を例に母子生活支援施設についてみてみよう。

入所者の状況は依存症と養育問題をもつ親が多い。入所者の中には，アルコールやギャンブル，買い物依存も多く，厳しい勤労でようやく貰えた給料も数日の間になくなってしまうことがある。そのため，職員は家計簿の指導や，必要に応じて専門医療機関での治療への配慮も行っている。しかし，このような長年の依存症は短期間ではなかなか改善することが難しい。そのため，月1回臨床心理士によるカウンセリングを必要に応じ入所者に対し，実施している。母親が子どもを女手ひとつで育てることは，経済的にも精神的にも計り知れないストレスが重なり，依存状態から抜け出すことは簡単ではない。また，食事を作らず，我が子に暴力を振るうなど養育の仕方に問題がある母親もいる。母親の不安定な心理状況から子どもに悪影響を与えてしまうことがみられ，職員は母子の様子を見守りながら，随時助言や励ましを行っている。

1）居室

居室はT園の場合，「6畳が2室にキッチン」「6畳とダイニングキッチン」「6畳と4.5畳にキッチン」の3タイプで世帯ごとに利用する。

各室にトイレとベランダがあり，浴室は4つの小風呂を共同で使用する。

2）職員構成

所長1名，母子支援員2名，少年指導員兼事務員等2名，嘱託医1名（非常勤）で構成されている。

職員の勤務体制は，7時30分から20時までを4名の職員で時差勤務を行い，夜間20時から翌朝8時までは警備士により安全に配慮されている。

3）専門機関との連携

入所の際は福祉事務所など行政担当が本人（母子）と面接を行い，入所を決定する。その後，入所許可書が施設に送られ保管される。入所決定後，家族全員が健康診断を受診する。なお，児童への相談・支援が必要な場合は，施設職員が児童相談所に相談を依頼することもあり必要に応じて連携を図っている。

4）年間行事

子どもの日会，七夕まつり，クリスマス会，節分など施設の行事を開催している。

母子支援員

個々の母子の私生活を尊重しながら家庭生活および稼動の状況に応じ，就労・家庭生活および児童の養育に関する相談助言など，母子の生活指導を行っている。資格要件として，厚生労働大臣の指定する児童福祉施設の職員を養成する学校その他の養成施設を卒業した者，保育士の資格を有する者，学校教育法の規定による資格を有すると認定した者であって，2年以上児童福祉業務に従事した者という規定が定められている。

表 3-5 母子生活支援施設　T園の一日

時間帯	母親	未就学児	小学生以上
朝	○子どもたちに朝食を食べさせ出勤 ○未就学児がいる家庭は，保育所へ登園させ出勤	○朝食をとり，母親とともに登園	○朝食をとり，登校
昼	○仕事	○保育所（園）	○学校
夕	○仕事より帰所 ○未就学児がいる家庭は，保育所へお迎え後，帰所 ○帰所後，子どもと自室にて夕食をとる等して過ごす	○帰所後，母親とともに自室にて過ごす	○帰所後，希望者は図書室にて職員と一緒に宿題をする（自室でも可） ○夕方6時までは外出可 ○母親帰宅後は，母親と共に自室にて過ごす

＊4つの小風呂に順番で入浴。入浴時間夜12：00まで（1日1回の入浴だと何時～でも良い）

　その他，チャレンジクッキング，健康診断，消防訓練，母の会がある。チャレンジクッキングでは，食育を目的とし，入所母子に食に対する興味をもってもらい，実際に調理をしながら，生活に役立ててもらうことを目的とする。園外研修は入所者全員で日帰り旅行（年1回）へ出掛け，健康診断（半年に1回）は医師のもとに出向き実施し，母親をふくめ全員が必ず受けている。母の会（月1回）は母親全員と職員で行う定例会議で，この会議の最後には母親のみで話しあう場を設け，母親間のコミュニケーションの場ともなっている。

5）入所者（母子）の一日

　母子生活支援施設に入所している母子の一日を，表3-5に示す。朝は，母親は施設から職場へ，子どもは保育所（園），小・中・高等学校へ通う。それぞれの場所で過ごして，午後に施設に帰ってくる。これらの母子にとって，施設は生活の場（家庭）であり，安らぎの場となる必要がある。

　職員は母親と子どもの居室内での生活を大切にしながら，各家庭の生活の変化を観察，相談・助言など配慮を行いつつ，必要に応じた母子支援を行っている。

6）入所者の就職と自立

児童扶養手当
父親と生計を同じくしていない児童，父親が死亡した児童，母親が婚姻によらないで生まれた児童等を18歳に達した年の年度末まで監護している母親，また母親に代わってその児童を養育している人に対し手当を支給し，生活の安定と自立を助け，児童の福祉の増進を図ることを目的としている国の制度。なお，児童が心身に中度以上の障害を有する場合は20歳未満まで手当を受給できる。

　入所者は児童扶養手当や母子医療の対象世帯で，その大部分の家計は厳しい。現在は就職難であるが，とくに幼児を抱えた母子家庭では職場の確保がさらに厳しい。入所者は主にパートタイム就労で生計を立てているが低所得であり，その生活は経済的に余裕のない状況で，自立が困難となっている。
　さらに，自立に必要な住居は公営住宅への申し込みをするものの競争が厳しいため，3年以内の自立が困難な状況にある。

7）支援の実際―母子生活支援施設の入所者とともに　母子支援員の仕事―

　全国の母子生活支援施設（旧母子寮）から多くの子どもたちが退所（卒園）し，自立の道を歩んでいることは大変喜ばしい。
　母子支援員の仕事は，経済的・物理的・精神的に救済が必要な母子に生活の場を提供し自立へと導く（母子の生活相談役）ことである。たとえば，入

所者に急病人が出れば救急車を要請し緊急事態に落ち着いて対応しなければならない。冷静な対応と適切な判断にはさまざまな経験の積み重ねが必要であることがわかる。

　母子支援員は，日々のいろいろな体験や母子とのかかわりのなかから仕事へのやりがいを感じ，また自身の支援員としての資質（専門性をみがく）の向上が必要であることを感じ，そのための努力と工夫を行う。支援員は母子を支援し，母子は支援員から支援されるが，これにはそのやりとりのなかで，互いの信頼関係が生まれることが大事である。

　支援員は入所者の日々の生活とこころの変化を，母親と子どもの思いをそれぞれの立場から細やかに観察しながら，この母子には今声かけが必要である，そして今はそっと見守っておこうなど適切に判断しながら支援を行っている。母子が自立する日を目標としながら一人ひとりを大切に支援している。

(4) 今後の課題

　母子生活支援施設における家庭支援の課題を近年の状況をふまえていくつかあげよう。

　①離婚等の生別世帯が多く，DV等で母子ともに心に傷を負っている場合が多い。さらに貧困問題が重なり，母子の解決すべき問題が重層的である場合も多い。そのため，安心・安全・安定した生活の営み，回復から癒しを得ることができる援助・支援と生活環境を提供する必要がある。また，日常的な相談活動と，専門職をはじめとした関係機関との連携による支援の実施および危機対応（加害者からの分離・保護等）を図る必要がある。とくにDVは県外福祉事務所からの措置が増加傾向にあり，これに対してもさらなる連携が課題となるであろう。

　②精神的に不安定状態にある母による児童虐待も生じている。そのため，関係機関との連携で，母子分離を含めた家族分離の検討や，生活の営みへの適切な見守り・介入・支援方策の充実が必要である（夜間勤務の職員体制の充実等）。

　③自立（生活力・経済力・精神的および社会的）困難世帯が多いが，一方で入所期間が「1年未満」が31.1％と増えている（平成20年度全国母子生活支援施設実態調査より）。これについては，生活技術（家事・育児）の習得，制度活用の支援（アドボケート），退所後のアフターケアの充実が必要である。

　④経済的な自立が困難である。雇用が不安定で流動化している。就労にかかわる継続的・柔軟な支援（相談援助をふくむ）の実施と，離職後の継続的なケアの確保，母子家庭等就業・自立支援センター事業の受託も増やす必要がある。その他公的な経済支援も必要である。

　このように母子生活支援施設は，施設支援だけではなく，その機能や役割において地域に住むひとり親家庭に対しての支援も必要である。また，そのための専門的な人材の充実も欠かせない。

---学習課題---
1. 母子生活支援施設の設置目的と入所対象者の状況（依存症，養育問題，経済的状況，DVの増加など）をまとめよう。
2. 施設に入所する母子の生活の様子を子どもの年齢別（未就学とそれ以上）にまとめよう。
3. 母子生活支援施設において，母子を支援する職員の職務内容およびその姿勢をまとめよう。

参考文献

母子生活支援施設について〈http://www.zenbokyou.jp/boshi/histry.html〉〈http://www.zenbokyou.jp/outline/index.html〉

小池由佳　2002　子ども家庭福祉の担い手　高橋重宏・山縣文治・才村　純（編）子ども家庭福祉とソーシャルワーク　有斐閣　p. 223.

厚生労働省「今後めざすべき児童の社会的養護体制のあり方に関する検討委員会」において意見陳述　2007　全国社会福祉協議会／全国母子生活支援施設協議会

辰巳　隆　2003　子どもの養護と保育士　児童福祉施設の子どもたち　辰巳　隆・岡本眞幸（編）　保育士をめざす人の養護内容　みらい　p. 22.

心身に障害をもつ児童のための施設 4

1. 児童発達支援センター（知的障害・自閉症，肢体不自由部門）

　児童福祉法の改正（平成24年）により，平成23年度まで障害別だった通園施設が「児童発達支援センター」（平成24年度4月より3年間の移行期間）として改称された（児童福祉法第7条）。

(1) 児童発達支援センターの概要
1) 目　　的
　障害のある児童を日々保護者のもとから通わせ，これを保護するとともに独立自活に必要な知識，技能を与えることを目的としている施設である（児童福祉法第43条）。
　障害別に分かれていた従来の幼児の通所施設は，全国で359ヶ所あり，そのうち知的障害児通園施設253ヶ所・肢体不自由児通園施設は99ヶ所・難聴幼児通園施設25ヶ所（平成21年10月1日現在厚生労働省社会福祉施設等調査による）である（厚生労働統計協会，2011／2012）。
　通園という場において，子どもは遊びを通して人と交わる体験や，療育のなかで楽しみながら日常生活に必要な技能を身につける。また親に対しても，職員や他の親子など家族同士のかかわりを通して，子育てへの対応を学び，さまざまな支援を理解するのにつながる場でもある。
　このように，本発達支援センターは，一人ひとりの特性や生活に合った福祉サービスの利用，社会資源に対する情報提供の場であり，地域の人の理解を広げる機会をもつ場となるなどの役割を担っている。また，居住している身近な地域で障害の種別を問わず専門的なサービスが受けられることを目的とし，また手帳の有無にかかわらず療育が必要と認められた児童はサービスを受けることができる。

2) 対　　象
　現在，3～6歳までが中心で，就学前の運動機能障害児（肢体不自由児）・知的障害児・知的障害を伴う自閉症児・自閉症スペクトラム障害（知的障害を伴わない自閉症児・広汎性発達障害・アスペルガー症候群）・注意欠陥多動性障害（ADHD）などの児童が在籍している。これらの子どもたちの中には知的には正常な発達値を示しているものの，集団への適応の難しい子ども

視覚障害幼児・聴覚障害幼児

　視覚障害（盲）・聴覚障害（聾唖）をもったより専門的支援が必要とされる幼児は，視覚特別支援学校幼稚部・聴覚特別支援学校幼稚部に所属している。

もふくまれている。

さらに、遅れがわかりにくく発達の経過のなかでことばの遅れがみられ、人との関係のいびつさやこだわりが目立つ子どもたち、1歳6ヶ月と3歳での乳幼児健康診査で発達援助が必要と判断された子どもたちも在籍している。

3）療育および通園の役割・意義

療育は、発達・家族・生活の側面から支援が行われる。

子どもたちは徐々に母子分離をし、単独で毎日通園する。通園することで次のようなことが提供される。

①家庭ではできない遊びや生活を経験し、生活の広がりをもつ。
②遊びを通して親子が向かいあう機会の場とする。
③子ども同士、保護者同士が集団に参加することで新たな人との出会いの場となる。
④同じ経験の保護者が知りあうことで、悩みをわかちあったり励ましあうなど子育てを支えあう仲間を得る場となる。
⑤専門の職種がかかわり、健康の管理や、機能の発達を促すプログラムなどの取り組みを行い、日常生活をかかわりやすくするための援助を行う。

このような支援が、子ども自身が人とのかかわりのなかで、より良く生きていくためのコミュニケーション力や、信頼関係をはぐくむ最初の場となり、親にとっても子どもを理解することで子育ての意欲へとつながるなど、親子・家族への支援の役割も大きい。

とくに介助が多く必要な運動機能障害の子どもは親子で過ごす時間が多くなり、母子密着になりやすい。そのためにレスパイトなどのそれぞれの家族のニーズに応じた社会資源の情報を提供することができる。

家族にとっての通園の意義は、療育やその思いを共有する場をもつことができるということである。親からよく話されることは次のような内容である。「同じ悩みをもった方々と出会えたこと。知りあうなかで、一人ではないという安心感や、どのように向き合ってきたか、生活の断面を知ることができた。身近に感じられ、ヒントをもらえた」「何をしていいかわからない、何度教えても覚えない、何をやっても失敗ばかりと悩んでいたが少しずつやることが見えてきた」「話すことのできる場ができた」などである。

とくにかかわりの難しい子どもの場合、親は子どもの気になるところばかり考えて不安になり、そのことで自信がなくなり、子どもにかかわっていこうとする意欲が薄れてしまうこともある。

このように母親および家族の精神的な安定を図ることが、子どもにかかわる最大の力になるために重要なことである。

4）年間個別支援プログラムの流れ

年間個別支援プログラムの流れを図4-1に示す。

5）インテーク面接

子どもと母親が一緒に行う。内容は、健康状況、現在までの育ちの

```
入園前面接
   ↓
入園開始
   ↓
アセスメント
個別懇談・家庭訪問・子どもとかかわりながらさまざまな面からの観察
   ↓
個別支援計画（長期目標）作成
   ↓
個別懇談
（個別支援計画の協議と承認）
   ↓
月の支援プログラムの作成
（グループ・個別・クラス・家庭）
   ↓
実　施
   ↓
目標達成の確認・見直し
   ↓
個別支援計画の継続実施
   ↓
個別懇談・まとめ
```

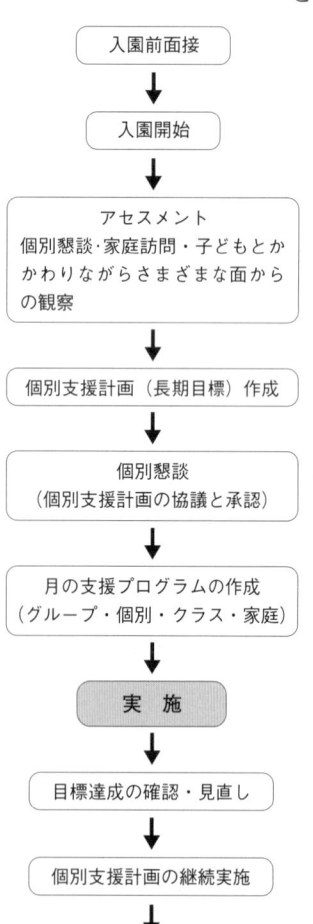

図4-1　年間個別支援プログラムの流れ

状況などを聴取する。子どもは職員がかかわりながら母子関係，物への興味，人への関心，体の使い方などを直接観察していく。入園前面接は母親の相談内容を明確にし，考えやどのような希望や要望をもっているのかなど丁寧に聴取していく。気持ちを受け入れながら話を聞くことを大切にする。母親の精神的な情報も察知し，無理のない面接を行うことを心がけ，質問形式にならぬよう相手のペースを大切にし，子どもの療育に必要な内容をつかんでいく。これからの通園開始に不安を抱かぬように，共に子育てをしていく支援者として受け入れてもらえるよう接することが必要である。親は，将来の見通しも立たず不安になったり，障害を負わせた自責を感じていたりするので，この場では親の気持ちを受け止めることが必要になる。

6）個別支援計画の作成

入園後，子どもが環境に慣れる時間を大切にしながら，行動観察や発達検査を行う。親の思いと子どもの発達の状況，子どもを取り巻く環境を考慮し，療育の目標を立てる。療育目標は，長期目標・短期目標とし，次の視点を大切にし計画の作成を行う。

①内容，方法が具体的でわかりやすいもの。
②現在の一定レベルや機能（現在できていること）を基本にし，課題を小さなステップに分ける。
③短期間（1ヶ月以内）で達成可能なもの。
④子どもができるだけ一人で取り組めるような内容につなげていくために環境設定を考える。
⑤子どもや援助する親が日常的に楽しく繰り返し行えるものにする。
⑥かかわりやすく援助しやすい，無理なく取りかかれる内容であること。
⑦自立生活に結びついていけるもの。

7）プログラム実施の意義・特性

発達の支援として大切なことは，まず障害児という前に，一人の子どもとしての育ちを大切にすることである。

繰り返し実施するなかで，生活リズムや食事・排泄などの生活の基礎となる部分が見直される良い機会となり，生活リズムが整ってくると情緒の安定につながっていく。そして家族にとってはかかわりやすくなり，さらに生活の流れが安定していると不適応行動がみられたときの原因や変化がつかみやすくなる。つまり，原因がわかると対策が取りやすくなり，訳もわからず叱るという場面が少なくなる。

そして，わかりやすい環境設定は自分でも「やれた，やれる」という自信につながり，もう一度「やってみたい」という意欲を生み，新しいことでも「やれそうだ」という挑戦する勇気がわいてくる。子どもは，いろいろなことに興味をもち身近にあるものをすべて遊びにしてしまう。そして触ったり，見たり聞いたりして繰り返しの遊びへと拡がっていく。

人や物へ関心を示す子どもはかかわりの手がかりを見つけやすいが，人や物への関心の薄い子どもは，周囲とのかかわりの機会が減少する傾向になりやすい。たとえば抱っこをされることが嫌だったり，近づかれると拒否や不安を示すなどの特性があると，人の介入を拒むことにつながり，不適応にな

りやすい。
　幼児期は，「遊び」という形態を通して諸機能，諸感覚の発達が促される。子どもがもっている力を手がかりとして自発性を引き出していくことが大切である。

(2) 障害の特性による対応および配慮
　ここでは障害のなかで，①知的障害・自閉症および発達障害，②運動機能の障害，の障害の特性による対応と配慮について述べる。

1）知的障害および自閉症
①知的発達の遅れのある子ども
　知的障害の発生原因はさまざまで，ダウン症候群などの染色体異常，代謝異常などの胎生期にあるものと，新生児期の呼吸障害や痙攣などの周生期に原因のあるもの，感染症などや発作の障害，頭部外傷など出生後の原因によるものなどがあるが，原因がはっきりしていないものも多く，そのなかには幼児虐待などの二次的環境要因なども含まれる。
　年齢相応より遅れて発達をしている子どもで，ゆっくりとした発達がみられる。体の動きも年齢よりも遅れていることが多く，指先の細かな動作や体のこなしが不器用な面が多い。体験を通しての日常の場面で繰り返し積み上げていくことが大切である。簡単で明瞭なことばかけをし，具体的場面と物や，ことばの内容が一致する学習を積み重ねていく。見たものすべてを取り込んでしまうので，獲得してほしい内容は望ましいモデルを提供し，丁寧に対応する。新しい技能の獲得は，時間をかけて習得まで繰り返す。応用が難しいため一つずつ場面で体験を積み重ね理解につなげていく。見守りながら待つことが大切である。

②自閉症の特性をもった子ども
　自閉症は，①人との関係の障害，②コミュニケーションの障害，③変化への適応に弱く，想像力の障害と特異的な行動，という3つの中心特性がある。その他に，大きな特性として感覚の障害があげられる。
　変化に弱く，イメージがもてず予測が立たないので，規則的な生活が行事などで流れが変わると，不安になりパニックを起こすことがみられる。そのため園での行事などを予定している場合は，事前に関連した紙芝居や絵本を見せたり，体験の遊びを取り入れたりする。当日には絵や文字を書いてスケジュールを紹介したり，カレンダーに行事の印などをつけて事前に知らせるなど方法を工夫する。また知的能力が高く，ことばをもった自閉症児でもイメージの障害があるため，ことばと具体的場面での動きがつながらず，不安が強くなると質問を繰り返すことがみられる。つまり，多くのことばかけより，視覚的な絵やカードなどで示した方が理解しやすい。
　ところで，感覚の障害にはにおいや色，音，光，触感覚などさまざまな感覚への過敏さがあり，こだわりにつながる場合も多い。とくに人が多く集まる場所や特殊な音，騒音など大きな音を聞くと，耳をふさぎ，急に落ち着かなくなり動き回る，奇声を発するなど行動で拒否や不安を表現することもある。そのために，それぞれの特性に合った配慮が必要である。

> **事例（視覚優位の子どもの部分的プログラムの一例）**
> 通園場面で集中して朝の準備に取り組めない場合の「視覚化」を中心に構造化された環境の設定（TEACCH プログラム）
>
> 4歳2ヶ月　自閉症　男児
> 日常生活動作は獲得している。周囲の刺激を受けやすい。注意が切れやすく行動の連鎖化が取りにくい。視覚からの情報が入りやすい。
> 問　題　点：周囲に気を取られやすく，目的とした行動からはずれやすい。そのために目的の行動を終了するまでに時間がかかり，大好きな戸外遊びの時間が短くなり不満となる。職員から指示される回数が増え，結果的に褒められる場面が少なくなる。
> 目標設定：朝の準備を連続した動作にしていくことで，戸外遊びを充分に楽しめる時間をつくる。（動作の連鎖化）
> 方　　　法：①エリアを固定。一人で動ける程度のスペースにし，一連の動作が終われるよう小型テーブルなどで設定する。
> ②刺激を避けるために背丈より高いパーテーション（間仕切り）を使用する。
> ③カードや写真を用いた流れの提示をし，行動を明確にする。
> ④終了したらすぐに褒め，戸外遊びへ誘導する。
> 結　　　果：①毎日一定の場所でカードを見ることにより，自分のやることが明確になった。
> ②視覚的な刺激を遮断することで，動作がスムーズになった。
> ③必要以上の声かけが減少し，見守ることができるようになった。
> ④終了後必ず褒められることで，職員との信頼関係が育っていった。

TEACCH プログラム
　米国ノースカロライナ州で実施されている，家庭・学校・地域社会ベースにした自閉症の人々の生活を支援するための療育システム。
　技法的側面として，「構造化のアイデア」がある。

③発達障害
　a. 自閉症スペクトラム障害の子ども
　自閉症のなかにはアスペルガー症候群といわれている，話し方が流暢で大人びたことばづかいをし，理屈っぽい内容の話をする子どもがいる。これらの子どもは，自分が話しているほどには，脈絡や内容を理解していないことが多い。
　知的な遅れがないにもかかわらず，前述した自閉症の特性をもっている。次に，特徴的な具体的行動をあげてみる。
　相手の気持ちや場の雰囲気を察することが苦手で，急に唐突なことを言ったりし周囲から誤解を受けやすい。また，人の表情やことばに含まれる意味がくみ取れないために，字義通りの解釈になってしまう。
　場所や人，時間，物などたとえば同じ席，決まった持ち物，同じ道や決まった時間へのこだわりなど固執しやすい行動がみられる。そのこだわりは，視覚的に文字や絵で示したり，写真を見せることで事前に説明をすると，状況がわかりやすく見通しがもて，安心できることにより減少したり，変更が可能になったりする。
　また，パニックなど混乱した状態に陥ったときは，しばらく時間をおいて，落ち着いてから対応する。何がいやだったのか，大人が時系列に子どもと話しながら整理をする。そのときに，自分の行動や気持ち，相手や周囲の気持ちなど，吹き出しをつけ実際のことばを入れたり，表情や行動を簡単な絵にしながら，一緒に問題整理をしていく。書くことにより自分のことばや行動に気づくことができ，また，子どもに具体的にどうすれば良いのかを教える

と状況がつかみやすい。援助者は，あくまでも押し付け，指示的にならないよう，子ども自身に気づかせながら行動を習得していく対応の視点を大切にする。

b. 注意欠陥多動性障害（ADHD）の子ども

多動性・衝動性・不注意の行動障害があり，多動性は動き回ることで必要な情報を正確につかみにくく，衝動性は，抑制力が低いために興奮しやすく，周囲とのトラブルに発展してしまう場合が多い。そのために，不注意は周囲に気を取られやすく注意が散漫になりやすく，行動の目的が不明確になり，大人から注意を受ける結果となる。これらが頻繁になると褒められることよりも，叱られることの方が多くなり失敗体験が増え，自信をなくし自己肯定観をもてなくなる。そのため，周囲の大人は，子どもが目的とする行動を達成するために，課題は1つずつ短い時間で達成できるよう環境設定することが大切である。また，気が散らないよう身近に必要でないものは置かないようにするなど，シンプルな環境づくりも必要である。取り組む課題や守るべき約束などは，視覚的にしておくと常時ことばで指示を受けるよりもわかりやすく，また，忘れたときに見直すことができ，肯定的な対応につながる。

2) 運動機能に障害のある子ども（肢体不自由児）

①対　　象

手や足，体のどこかに長く続く障害があり，物を持つことや，立ったり，歩いたり，書くことが困難な状態の子どもを「肢体不自由児」という。何らかの原因で脳が損傷を受けることにより運動障害をもった乳幼児で，脳の障害の部位や広さによって，障害のもつ程度や内容はさまざまある。障害の様相は一律ではなく，一部の軽い機能障害であったり，生活全般的に援助の必要な状態であったりする。

原因としては，周産期（出産前後の時期）の障害が主で，仮死分娩や核黄疸，早産，低体重出生児，未熟児などがあげられる。近年の増加の要因としては，医療技術の進歩による救命率の高さや，不妊治療等による多胎児の増加などによる極低体重児などがあげられる。低体重出生は，成熟新生児に比べると子宮外で生きていくことが困難であり，呼吸障害などいろいろな合併症をおこしやすい状態にある。

運動障害のみでなく，他のいろいろな障害を随伴することが多く，大半の子どもが知的障害を合併している。平成14（2002）年度肢体不自由児通園施設連絡協議会の実態調査では，重度知的障害の合併が51％，中度知的障害児が32％と多くを占めている。

また，てんかんや摂食障害，吸引やネブライザーを使用している子どもも，チューブでの経管栄養など，重度・重症傾向にある。

②療育の内容

表4-1は，運動機能に障害がある子どもの通園の日課である。

運動機能に障害のある子どもの施設では，多くの職種のかかわりが必要となる。これらの子どもの療育は早期からの医療機関とのかかわりが多く，多職種の職員がかかわりながら，一人ひとりの「育ち」への援助と，「育児・生活」への援助をしていく。以下に，他職種とのかかわりの実際を，事例を通して説明する。

表 4-1　運動機能に障害がある子どもの通園の日課

10:00 頃	登園	
	健康チェック	
	訓練・保育	・個別の訓練や保育活動
		・水分補給など
		・感覚と体験を大切にした活動を多く取り入れる
		・保育士と他の職種が協力して活動をすすめる
		・触感覚遊び・感覚運動遊び
		・視覚・聴覚を使っての遊び
		・目と手を使っての操作遊びなど
	給　食	・摂食への指導など
	午後遊び	
14:00 頃	降園	

事例

環境整備をし，できるだけ本人が意欲をもってやれることを増やすことに主眼を置いて検討

3歳10ヶ月　脳性麻痺（混合型四肢麻痺）　男児
28w　1000g 出生
移動は，四這いが主。歩行器を使用しての歩行は時間はかかるが意欲がある。母親への依存が強く，助けを求める。ことばでのコミュニケーションができる。

医　師
　疾病や健康状態から可能な療育を確認する。
看 護 師
　日常の健康状態を把握し，良好な旨を確認。
理学療法士
　ウォーカー歩行の意味とこれからの方向性の説明。どの場面でどのような移動手段を活用していくのか。生活のなかにどのように取り入れていくかを保育場面を中心に検討する。
作業療法士
　現在の上肢機能について，手の操作，食事時のスプーンの握り方や姿勢，あそぶときの姿勢などを検討する。
言語聴覚士
　言語表出：理解は2歳6ヶ月レベル。受身で発信行動が少ないことなどがあげられ，他の力よりも高いことから音声言語を対象に人とのやり取りのなかでことばを使い，自分の気持ちや意志を伝えていく力を育てる場を，保育士とともに検討する。
臨床心理士
　子ども同士の場面では，大人が間に入ってのかかわりを促す。
保 育 士
　日常の保育のなかでの様子を中心に，それぞれの内容をどのように具体的に保育や生活に取り入れていくかまとめながらすすめる。
　保育室と保育室の移動については四這いを主に行い戸外での遊びや一部廊下移動に歩行器を使用する，など。
ケースワーカー
　歩行器や車椅子の作成など現在の福祉制度で受けられるサービスを伝える。親の意見を聞き，これらの職種と共に協議しながら合意を得て進めていく。

③幼児期と障害特性

　肢体不自由の子どもは，発達が盛んな時期にその機能的な障害により，動きの体験が乏しくなる。手や足などを触って自分の体を知り，動かし方を学んだりいろいろな感覚を体験したり，動いて近づき目や手を使うことで，より体験を重ね，周囲との関係や物との関係などを理解していく。その時期に，そうした経験ができないことは，自尊感情が育ちにくいなど二次的な障害を引き起こすことになる。

　幼児期は，自分で動き失敗しながら学ぶ体験をする。一人でできたことへの成功感，達成感や満足感は，次の意欲へとつながっていく。しかし，肢体不自由の子どもは食事や着替えに時間がかかるという理由で，生活のほとんどで介助を受けることになるために生じる依存，とくに母親への依存は強くなりがちである。そのために，活動が外の世界への広がっていくこの時期に"経験する"ことが少なくなるのである。

　一方で，肢体不自由の子どもは日常動作の一つひとつが訓練的要素を含む。食べることや着替えなどの動作をするための姿勢を保つことや遊びを拡げるための姿勢のとり方など，日常生活の適切な動作姿勢は，本人が活動するうえで容易に活動に取り組めることにつながり，物への興味や関心をもつことにつながる。幼児期は，受身であった時期から意思が芽生え，外へと関心を広げ関係をつくっていく時期であるので，適切な姿勢を訓練としてつくっていくことは重要なことである。

　幼児期は，遊びを通して経験を豊かにし，周囲の人と生活していける力を育てる時期である。活動は訓練するという視点ではなく，子どもの意欲を高めていくことで自分から遊びへ参加する場の環境を準備することである。たとえば，肢体不自由の子どもが何かやりたいと思ったときその気持ちをどのように伝えたら良いか，これを欲しくないと言いたいときにどのように伝えるのか，コミュニケーション方法のサポートが必要である。コミュニケーションの力は，相手に伝わるという経験を積み重ね，自分が納得のいく場面を得ること，好きなことに挑戦していく自信を得られることである。また，話しことばのみでなく，ジェスチャーであったり，サインであったり，何らかの方法で意思を伝え合うことができることが生活のなかで重要である。肢体不自由の子どもはコミュニケーションを補う方法の一つとしてAAC（Augmentative & Alternative Communication）を用いる。スイッチを押せば必ず動くことで，繰り返し行う楽しさがわかり，遊びにつながる。母親を呼ぶときに押せば録音された音がでる装置や，デッキにつなげて音楽を聴いたりでき，生活の広がりにつながっていく。

AAC（拡大・代替コミュニケーション）
　重度の表出障害をもっている人が自分の意思を相手に伝えるための方法として研究されている。

(3) 今後の課題

　平成24（2012）年度から障害児通園事業（デイサービス）は児童発達支援事業に移行する。また，児童発達支援センターは，発達障害を含んだ発達に何らかの問題をもつ子どもたちと親に対して，包括的な支援体制をつくろうとしている。これにより，幼稚園や保育所に在籍している発達の気になる子どもへの支援は，相談支援事業や児童発達支援の保育所等訪問支援に取り込まれる。子育て支援の必要なすべての子どものために，発達や年齢に応じた関係機関との連携による，継続された重層的な支援の取り組み体制が具体

的に進められようとしている。しかしながら，現実的に体制はできても，子どもと親を支援していく専門的な知識と技能をもつ人的資源が不足している。質の高い人材育成が急務である。

　また，複数の福祉および教育機関を利用している場合，それぞれの機関でのかかわりのみにとどまり，親は行く先々で子どもについて説明しなければならなかった。一方で，子どもも各施設でかかわる職員での対応や方法が違うことに戸惑うことも多かった。これらの複数機関での利用者の負担を少なくするため，職種間や各機関同士の連携の方法としては，たとえば子どもが利用している所属機関同士で，それぞれの情報をひとつの連絡ノート等を活用して，日常の情報を共有する。このように子どもに混乱を招かぬように対応方法を工夫し，情報交換を行うなど，一貫した対応をする必要がある。これらの対応の基本には連携をとり，伝えあい，理解しあえる場を増やしていくこと，「できる，できない」の視点ではなく"ひとりの子ども"としての「育ち」と，家族の生活を支援するという育児援助を，日常生活を土台にした視点で進められることが大切である。

　次に，発達障害をもつ親と子どもの関係づけの問題がある。つまり，発達障害の子どもは，障害特性を理解しにくく，知的な遅れがないために親が「できるはず」などと思い込み，要求水準が高く子どもに過度な強要をしてしまうことも多くある。また，繰り返す失敗などで，かかわる側の親がその難しさから叩くなどの暴力的行為に至ってしまうことも多く，その行為がだんだんとエスカレートしてしまうこともある。結果として親子関係がうまくいかずに疲労してしまい，養育放棄などの虐待につながる。そして，これらは増加傾向にある。

　医療型発達支援の必要な子どもは，障害の重度化，重複化に伴い，医療機能の充実がより必要となっている。一方で，介護家族のための相談機能や，レスパイト機能の充実などが必要である。

　新しい制度は今後，子どもの発達特性や年齢に応じ，必要な関係機関の連携によって多くの職種がそれぞれの専門から重層的な支援の体制を進めていくことが求められる。それは，子どもの発達の基礎づくり，生きる力に結びつく基本的な知識および技能の習得，さらには就労や地域生活につなげる支援の確立につなげなければならない。

学習課題

1. 障害のある子どもが幼稚園・保育所に在籍する場合，職員がチームとして必要な視点についてまとめてみよう。
2. 運動機能障害をもつ子どもの施設において，多くの職種がかかわるが，連携するために必要と思われることにはどんなものがあるかまとめてみよう。
3. 自閉症の家族が初めての場所に宿泊旅行をする場合，できるだけ混乱が起きないように過ごすためにはどんな準備をしたらよいか。予測をたてて，準備できるものを考えてみよう。
4. 知的障害の子どもにTシャツの着替えを教える場合，どんなことに気を付ければよいか。順序や方法など意欲的に取り組める視点をま

とめてみよう。

参考文献
知的障害児施設在り方検討委員会・財団法人日本知的障害者福祉協会　2003　子どもの施設としての知的障害児施設の検証と提言
グレイ，C. ＆ホワイト，A. L.（編）安達　潤（訳）　2005　マイソーシャルストーリーブック　スペクトラム出版社
伊藤健次（編）　2011　新・障害のある子どもの保育　第2版　みらい
厚生労働統計協会　2011/2012　国民の福祉の動向　Vol.58 No.10
久保健彦　2000　AAC　建白社
宮田広善　2001　子育てを支える療育　ぶどう社
ショプラー，E.（編著）　田川元康（監訳）　2003　自閉症への親の支援　黎明書房
杉山登志郎　2007　発達障害の子どもたち　講談社
高松鶴吉（監修）　1981　入門障害児保育の原理　学習研究社
吉田友子　2007　高機能自閉症・アスペルガー症候群「その子らしさ」を生かす子育て　中央法規

2. 児童発達支援センター（難聴幼児部門）

(1) 目　的

　難聴幼児通園施設は，難聴児の早期発見・早期療育を目的として1975（昭和50）年に独立した施設として制度化された（児童福祉施設最低基準第60条2の1），難聴児が家庭から保護者とともに通って指導訓練を受ける施設である。保護者との信頼関係をもとに難聴児の子育てや発達を支援する。制度化以来各地に設置され，2011年には20都府県に24ヶ所ある（全国盲ろう難聴児施設協議会調べ）。さらに，2012年度に児童発達支援センターとして一元化された。

(2) 対　象

　主に0～6歳の就学前の難聴児を対象としている。難聴とは，何らかの原因により聴力（聴こえ）が低下していて聞こえにくさのある状態である。難聴の種類や程度は子どもによって異なるが，乳幼児期からの難聴は子どもの成長に影響を及ぼし，とくにコミュニケーションや言語発達への影響は大きい。難聴児の多くは難聴ではない両親から生まれる。子どもの難聴が発見される時期はさまざまであるが，最近は新生児聴覚検査などにより0歳代から療育を受ける子どもが増えている。難聴幼児通園施設には病院や保健センター等からの紹介で来所することが多い。

(3) 療　育

　療育方針や方法は施設によって異なるが，福岡市立心身障がい福祉センターありんこ園の療育を紹介する。保護者とともに通園する「親子通園」の形態で，年齢別の集団保育と個別療育を行っている。療育を担当する職員は，言語聴覚士・保育士・児童指導員等である。集団保育の日課の例を表4-2にあげる。

新生児聴覚検査
　新生児期に，主に出生した産科病院で入院中に聴力のスクリーニング検査を行う。難聴の確定診断のためには，さらに耳鼻科病院などで精密検査を行う。地域ごとに発見から療育につなぐシステムが必要。

言語聴覚士
　難聴や言語障害をもつ人の検査・相談・援助を行う職種で，病院・福祉施設・学校などで仕事をしている。

表 4-2 集団保育の日課（例）

10:00	登園
	朝の集まり
	集団遊び
12:00	給食
13:00	（子ども）自由遊び
	（保護者）勉強会・懇談会
14:00	降園

1）保護者支援

　人間は聞こえることによって行動を起こし，情緒を感じ，環境に関する情報を得る。子どもに難聴があると，情報が入りにくく親子の気持ちのすれ違いがおこり，成長していくうえで大切な人との関係が育ちにくくなりがちである。療育の開始時期は子どもによって異なるが，初期では保護者に難聴について理解してもらい，難聴に配慮した子育ての助言を行うことが中心になる。親子の共感関係が育ち，保護者が子どもを可愛いと感じることが大切である。

　ことばは親子の共感的なやり取りのなかから育っていく。子どもの気持ちや意欲は物事を間接的に教えられて育つものではない。子どもがいろいろな感覚を使って感じ，気持ちをゆさぶられるような実際の体験が必要である。生活のなかで子どもが主体的に経験し，周りを理解し，人に思いを伝えたいと願うところから「活きたことば」が生まれる。

　とくに子どもが小さい時期には，親子が共感して楽しめる親子遊びを紹介している。

年齢による親子遊びの例
　0歳児　わらべ歌に合わせた親子遊び（一本橋・どっちんかっちん等）
　1歳児　砂・水・布・紙・箱・ボールなどを使った素材遊び
　2歳児　ごっこ遊び（ままごと・おふろごっこ・かいものごっこ等）

　保護者への助言は療育場面で具体的に行う。着替え・排泄・食事などの繰り返し行われる日常生活場面で実際に保護者に体験してもらう。家庭訪問でも実際の働きかけや音の聴かせ方について助言する。

　大人がことばとともに実物・表情・身振り・手話・指文字・絵・文字などの見える方法も使って子どもがわかるように働きかけると，伝わりやすくなる。子どもによって使う方法は異なるが，子どもが理解したそのときに心と耳に届いたことばが真の言語力となっていく。

　どのように体験させると効果的か保護者が実感できるように，子どもの生活や発達に見合った体験学習を療育に取り入れている。

年齢別体験学習の例
　1歳児　動物園に行こう
　2歳児　たんぽぽとり，バッタとり，ホットケーキ作り，動物園
　3歳児　バス，地下鉄，船，団子作り，動物園の飼育係，芋掘り
　4歳児　買い物（電池，パン屋，郵便局，商店街），芋団子作り
　5歳児　公園の四季，色々な仕事，鏡餅飾り，お店屋さんごっこ

図4-2 写真・絵等の使用（動物園にいくことの説明）

子どもとは実際の体験場面だけでなく，事前や事後にも体験の内容を伝えあう。わかりあうため，写真・絵・お話しブックなどを使用する（図4-2）。お話しブックは，大人が伝えたいことをスケッチブックに絵を描いて使用するものである。写真や実物を貼るといった工夫により，より楽しめ子どもの印象に深く残る。

育児不安のある保護者へのカウンセリングは，個別懇談の他，保護者どうしの集まりや話しあいによっても行われる。そのため，集団保育の午後の時間は，職員による情報提供に加え，保護者が自分のかかわりを振り返り効果的なかかわり方や工夫を話しあい助言しあう場としている。

2）聴覚・言語・コミュニケーションの援助

聴力や補聴器の管理，文字や発声・発音の学習，また楽器音・社会音や語音の聞き取りの練習等は，基本的に子どもの状態に合わせて個別に行う。いずれも子どもの意欲を大切に考え，興味・関心をもてるような方法や教材の工夫が求められる。耳の健康管理も必要である。定期的に聴力検査を実施し，必要に応じて耳鼻科医による診察を行う。

0歳の赤ちゃんでも子どもの発達に応じた聴力検査が可能である。聴力に合わせて補聴器を調整し，子どもに残っている聴こえを最大限活かせるようにする。補聴器では十分に補うことが難しい場合，人工内耳手術を選択する例もある。

難聴児が補聴器や人工内耳を付けただけで聞こえるようになるわけではない。特定の大人との愛着関係のもとに，遊びや生活のなかで大人が共感的に音や人の声を聴かせることによって，雑多な音のなかから必要な音やことばを聞き取る力を育むことができる。そのためには，大人が絶えず子どもの様子や気持ちに注意を配り，適切に応答的なコミュニケーションを行うことが必要である。

絵本や紙芝居は子どもの想像力や情緒を育てる大切なものであるが，難聴児も工夫によってイメージをもち楽しむことができる。小さい時期には，子どもの生活に沿った内容のものを選ぶ，実物や動く道具を使う，身振りや表情を入れて共感的に読むなどの工夫を行う。

文字も早期から自然に身近に感じられるように取り入れる。文字によって，より正確な内容を伝えあうことができる。将来，発音・教科の学習や社会的

子どもの聴力検査

子どもを眠らせて音を聞かせ脳幹の活動を調べる聴性脳幹反応検査（ABR）や，音に対する子どもの反応を見る検査がある。後者は，子どもの発達に合わせて検査方法を変える。

補聴器

音や声を大きくして難聴児の聞こえにくさを補う機械。補聴器の種類はいろいろあり，子どもの難聴の種類・程度・年齢などによって選択する。

人工内耳

難聴児の聞こえにくさを補う機械。機械の一部を外科的手術によって体内に埋め込む。術後も定期的に機械の調整を行うことが必要。

な情報を得るときなど，文字からの情報は非常に重要になる。
　3歳を過ぎるとコミュニケーションは家族や限られた大人から，子どもどうしのコミュニケーションへと少しずつ広がっていく。実際，3歳児以上の子どもの多くは，幼稚園や保育所との並行通園を行っている。また，療育内容にもルールのあるゲームや集団遊びが入り，子どもどうしの話しあいで物事を決めることも重視している。子どもどうしの気持ちのぶつかりあいやけんかはコミュニケーション場面として捉える。このような状況は，大人の援助によって自分の気持ちを表現し，相手にも気持ちがあることを理解する良い機会である。

3) 他機関との連携
　子どもの成長によって環境は変化していくが，難聴児が安心して生活するためには，周囲の人々に難聴やその子どものことを理解してもらうことが不可欠である。そのため並行通園する幼稚園・保育所や就学先の学校との連携が重要である。当園では，幼稚園・保育所の職員向け講習会や療育見学を行っている。また担当職員が園訪問し，実際の保育場面についての助言・情報交換を行う。難聴児の就学先は，子どもの状態と地域事情によって，聴覚特別支援学校，難聴学級，難聴通級教室，通常学級等からの選択になる。学校選択のため各市町村で相談会が行われるが，要請に応じて子どもの情報を提供している。また聾学校や難聴通級教室とは定期的に連絡会を行っている。

(4) 今後の課題
1) 家庭・社会の変化
　家庭での育児力が低下していることや就労する女性の増加といった社会の変化は難聴幼児通園施設の療育にも影響を及ぼしている。職員の資質として保護者の育児の相談にも応じられることが求められる。両親就労のため乳幼児期から保育所との並行通園を行うと親子の愛着関係やコミュニケーションを培う時間が短くなるが，それに伴う保護者の不安に対応するため，カウンセリングや療育内容の工夫，および保育所への支援が重要になってきている。

2) 難聴児療育の新しい波—人工内耳・新型補聴器・新生児聴覚検査—
　人工内耳を装用する難聴児は全国的に増えているが，手術や術後の調整を実施する病院と療育施設との連携が重要である。また，補聴器も年々新しく開発されるが，選択や調整には職員の高度な研修が不可欠である。さらに，新生児聴覚スクリーニング検査を行う産科病院が増えているが，保護者，とくに出産直後の母親への心理的支援や，スムーズに療育につないでいくための関係機関の支援体制を各地域でつくることが求められる。

3) 今後の難聴幼児通園施設の役割
　以上のような変化に伴い，難聴幼児通園施設の療育においては，社会啓発もふくむ難聴児の全生涯にわたる支援という視点が大切である。そういった広い視野とあわせて，より高度の専門性もまた必要である。さらに，病院・保健センター・幼稚園・保育所・学校・地域社会・行政等の関係機関との連絡・調整といった，いわゆるコーディネーター的な役割も難聴幼児通園施設

の役割と考えられる。これらによって、難聴幼児通園施設が難聴の早期発見にかかわり、難聴児と家族の生活を支援する療育を行うことができるのである。

学習課題
1. 子どもの発達や生活において聴覚がどのような役割を果たしているか考えてみよう。
2. 難聴児に運動会の競技ルールを説明する方法を考えてみよう。
3. 保育者が難聴児の保護者や療育機関とどのように連携していったらいいのか考えてみよう。

参考文献
金山千代子　2002　母親法―聴覚に障害がある子どもの早期教育―　ぶどう社
金山千代子・今井秀雄　1998　きこえの世界へ　ぶどう社
全国早期支援研究協議会（編）　2005　《赤ちゃんのきこえの検査》「リファー（要再検査）」となったお子さんのお母さんと家族の方へ　全国早期支援研究協議会
全国早期支援研究協議会（編）　2005　《聴覚障害サポートハンドブック・乳幼児編》「お子さんの耳がきこえない」と言われたら　全国早期支援研究協議会

3. 知的障害児施設（自閉症児施設をふくむ）

(1) 目　的

知的障害児施設は、「知的障害のある児童を入所させて、これを保護し、又は治療するとともに、独立自活に必要な知識技能を与えることを目的とする施設」（児童福祉法第 42 条）である。

この施設では、知的障害をもつ児童が保護のもと、必要な治療を受けながら自活をめざしてさまざまな訓練を行う。

知的障害児施設には施設入所型と保護者のもとから通う通所型（知的障害児通園施設）がある。また、自閉症を主たる症状とする児童のための自閉症児施設がある。

(2) 対　象

知的障害とは、その原因を特定するのではなく多様な原因による状態をいう。学術用語としては精神遅滞という名称が使われるが、わが国では法律上は知的障害が使用されている。

知的障害は、①低い知的機能、②適応行動の制約、③ 18 歳以前の発達期の発症の 3 つで定義（アメリカ精神遅滞学会、2002）されている。知的機能としては知能指数（IQ）がおおむね 70 〜 75 以下を意味する。知的障害を規定するのは、知的機能の障害のみでなく、適応行動の障害をあわせもつとされている。

知的障害の原因は、ダウン症などの染色体異常、代謝異常、先天的感染症、低酸素脳症、脳炎など脳に障害を受けたことによるものとされているが、明らかではない。

また、知的障害に加えて、てんかん発作を伴うことや、感覚器官の障害、骨

自閉症
脳の中枢神経に何らかの先天的な問題がある発達障害で、はっきりとした原因はわかっておらず、親の育て方や環境が原因ではない。治療法は確立されていないが、早期発見と早期療育によって社会的に自立する力を育てることが必要である。
自閉症と知的障害は別の障害であるが、自閉症が知的障害を伴う場合がある。知的障害を伴わない自閉症を高機能自閉症、またはアスペルガー症候群という。

自閉症児施設
自閉症児施設は自閉性の処遇を強化したより専門性の高い施設で、自閉症を主たる症状とする児童を入所させ保護するとともに必要な治療、訓練等を行う施設。全国に 5 施設、定員 218 名と少数である（平成 22 年現在厚生労働省大臣官房統計情報部「社会福祉施設等調査」）。

知能指数（Intelligence Quotient；IQ）
知能検査の結果を表す指標のひとつ。精神年齢 MA が、生活年齢 CA（実年齢）と等しいときを 100 として、MA が進んでいる場合は 100 より大きく、遅れている場合は 100 より小さくなる。
知能指数 IQ =（精神年齢 MA ／生活年齢 CA）× 100

表4-3 知的障害児施設・知的障害者施設の目的と対象（平成24年3月31日時点）

施設の種類		目的	対象	
児童福祉施設	知的障害児施設	知的障害児が入所し、保護のもと、独立自活に必要な知識技能の訓練を受ける	18歳未満の知的障害児 ＊事情により満20歳まで在所延長可能 ＊重度障害で必要が認められた場合、満20歳以降も在所可能	児童福祉法第42条
	自閉症児施設	自閉症児が入所し、保護のもと、必要な治療訓練等を受ける	自閉症を主たる症状とする児童	児童福祉法第42条
	福祉型児童発達支援センター	知的障害児、発達障害児が保護者の下から通い、独立自活に必要な知識技能の訓練を受ける	18歳未満の知的障害児、発達障害児	児童福祉法第43条
知的障害者援護施設	知的障害者更生施設	知的障害者が入所（通所）し、保護のもと、更生に必要な指導訓練を受ける	18歳以上の知的障害者	障害者自立支援法附則第58条1項
	知的障害者授産施設	雇用されることが困難な知的障害者が入所（通所）し、自活に必要な訓練を受けるとともに、職業に就き、自活する	18歳以上の知的障害者	障害者自立支援法附則第58条1項
	知的障害者通勤寮	就労している知的障害者が一定期間居室や設備を利用するとともに、独立自活に必要な助言および指導を受ける	18歳以上の知的障害者	障害者自立支援法附則第58条1項
	知的障害者福祉ホーム	家庭環境、住宅事情等の理由によって住居を求めている知的障害者が、独立して生活する場の提供を受ける	15歳以上の知的障害者	障害者自立支援法

格異常や体温調節機能の異常など知的機能以外の問題をあわせもつことも多くある。そのため、保育者等の支援者は知的機能以外の状態にも観察を行い配慮が必要となる。

知的障害児施設の対象は、原則として18歳未満の知的障害児であるが、事情により満20歳までの在所延長が可能である。さらに、重度の障害がある児童で必要があると認められた場合は、満20歳に達した後も在所することができる（表4-3）。

施設に入園できる児童は、知的障害児（18歳未満の児童）で伝染性疾患を有していない者で、入園を希望する場合は、児童相談所へ入所の相談にいくことからはじまる。

知的障害児施設は児童福祉法で設置運営されているが、平成18（2006）年障害者自立支援法の導入により、施設入所にかかる費用について、措置か契約になり、「契約」になると利用者（保護者）に経済的負担がかかるようになった。

なお、ある程度の社会適応能力を有し、その心身の発達程度からみて適当と認められる児童は、満15歳から知的障害者更生施設や知的障害者授産施設へ移ることもできる。

(3) 設備と運営

知的障害児施設には、日常生活の支援を行う児童指導員・保育士、栄養士、

てんかん（癲癇）
さまざまな原因による慢性脳疾患で、大脳ニューロンの過剰な発射に由来する反復性の発作（てんかん発作）を特徴とする。乳幼児期から高齢期まで幅広く発症し、3歳以下の発症が最も多く、80%は18歳以前に発症する。近年、高齢化に伴い、高齢者の脳血管障害などによる発病も増えている。発症率は100人に1人（全国に100万人）、適切な治療、薬の服用で発作の70～80%の人でコントロール可能であり、普通に社会生活を過ごしている。

ダウン症（ダウン症候群）
1886年イギリス人医師、J.ラングドン・ダウン（Down, J. L.）が発表。ダウン症とは、染色体が1本多いことにより、知的発達の遅れや心疾患などの合併症を伴うことのある先天性の症候群である。21番目の染色体が1本多いタイプがほとんどで、21トリソミーと呼ばれる。

障害者自立支援法
障害のある人が地域で自立して暮らすことをめざし、2006年に施行された。就労支援を強化し、身体、知的、精神の各障害者へのサービス一本化が盛り込まれた。一方で財源不足を背景に、自己負担は所得に応じた方式から、利用したサービスの量に応じて原則1割を求める方式に変わった。2013年4月より障害者総合支援法に変更。

措置と契約
契約者がいない時、虐待などの理由により子どもの権利が守れないときに措置となる。

言語聴覚士
(Speech Therapist；ST)
　国家資格。音声，言語，摂食・嚥下機能，または聴覚に障害がある人に対し，その機能の維持向上を図ることと言語訓練，助言，援助を行う者をいう。

理学療法士
(Physical Therapist；PT)
　国家資格。身体に障害がある人に対し，基本的動作能力の回復を図るため，治療体操などの運動を行い，電気刺激，マッサージ，温熱その他の物理的手段を行う者をいう。

ポーテージプログラム
　アメリカで開発された発達遅滞乳幼児のための早期教育プログラムで，個別対応，親が指導の中心的役割を担い日常生活で行う，指導目標や結果を記録するなどの特徴がある。

養護学校（特別支援学校）
　障害のある子どもが「幼稚園，小学校，中学校，高等学校に準じた教育を受ける」，「学習上または生活上の困難を克服し自立するために必要な知識技能を修得する」ことを目的とした学校である。平成19（2007）年，盲学校，聾学校，養護学校は一本化され特別支援学校となった（学校教育法第72条）。

アセスメント（assessment）
　英語で「評価」を意味する。対象が周囲に及ぼす影響の評価を行ったり，対象者に関する事前評価や情報収集のことをいう。

モニタリング（monitoring）
　英語で「調査，傍受，監視」を意味する。日常的にかつ継続的に調査，点検を行い，変化を見逃さないようにするために行うこと。

スキル（skill）
　訓練を通して獲得した能力や技能のことをいう。

　調理員，医学的治療や訓練を行う嘱託医や看護師，言語聴覚士（ST）や理学療法士（PT）などが勤務し，児童に必要な知識・技能の習得や将来，児童が望ましい社会生活を送ることができるように指導・訓練を行っている。

　運営方針は，個々の児童の個性に応じ，この児童に最もふさわしい方法によって将来，可能な限り社会に適応し，望ましい社会生活を営むことができるように保護者，学校，関係機関並びに地域社会との連携を保ちながら，施設の総力を結集して，適切かつ効果的に運営することを基本としている。

(4) 知的障害児施設　K園
　ここでは，知的障害児施設K園について紹介する。

1) 指導方針
　①基本的生活習慣の確立と集団生活への適応を図る。
　②社会参加への準備を整える。

2) 処遇体系
①棟内指導
　K園では児童を中軽度の男児女児棟，重度男児棟と重度女児棟の3つの棟に分けて処遇している。棟内での生活は，園内における児童処遇のなかでも最も重要な生活指導の領域であるため，安定した，しかも充実した生活ができるよう配慮し，ポーテージプログラム（乳幼児教育プログラム）等の指導技法を用いて援助を行っている。

②学校教育
　昭和54（1979）年度の養護学校（特別支援学校）義務制施行以来，義務教育年齢の児童は，すべて施設近郊の学校（特別支援学校小学部，中学部，小学校特別支援学級，中学校特別支援学級）へ通学し，教育を受けている。また，義務教育を終えた児童は，特別の場合を除き，養護学校（特別支援学校）の高等部へ進学している。

③生活班
　生活班は，就学前の幼児と義務教育終了後の児童を対象に年齢別支援を行っている。
　就学前は，より良い発達が促進できるよう個人の能力に応じて，幼児が興味をもつ遊びを取り入れ，情緒の安定と情操の助長に努めながら日常生活（基本的生活習慣の確立）の支援を行う。
　義務教育終了後にも，継続した生活指導の必要があるため，在園期間を延長した児童等については，独自のカリキュラムを設定し，身辺自立および作業訓練等を行っている。

　なお，これらの処遇を行う際，児童一人ひとりについて，①アセスメントを行い，②個別支援計画を立てて，③モニタリング（検証）を行い，目標達成までの支援を行っている。個別支援計画は，「基本的生活習慣」「生活スキル」「社会スキル」「社会参加」「コミュニケーション・対人関係」の5項目に分けて検討し，個人の目標とその支援内容の細かい計画のもと支援を行っている。

3) 保育内容（指導の実際）

施設は児童にとって生活の場であり，家庭の代替機能をもっている。

つまり，児童に対して基本的生活習慣の確立をふくむ家庭的支援を行うことを中心としている。そのために一日の流れは，家庭生活により近いものとなっている。

K園における入所児童の一日の流れ（表4-4）と週間日程（表4-5）を紹介する。児童は6時に起床し，排尿や洗面，掃除，検温などを行い，7時に朝食

表4-4 知的障害児施設K園の一日の流れ

時間	主なスケジュール	児童の行動		
		就学児	生活班	
			幼児	義務教育修了後
6:00	起床	布団の片付け・排尿・洗面・身支度・掃除・検温		
7:00	朝食	歯磨き・服薬		
		登校準備（更衣等）	身支度	
8:30	学校	近郊の学校（養護学校小学部，中学部，高等部，小学校特別支援学級，中学校特別支援学級），特別支援学校へ		
9:30	訓練 ＊児童指導員は職員朝礼		養育訓練を受ける	訓練（作業訓練・買物訓練・歩行訓練等）を受ける
12:00	昼食	学校で給食を食べる	歯磨き	
13:00	訓練		自由遊び	訓練を（作業・買物訓練・歩行訓練・調理実習等）受ける
15:00	下校	低学年下校		訓練終了
16:00	入浴	下校・おやつ・学習点検（家庭学習）・検温・入浴	入浴（冬は週4回，夏は毎日シャワー使用可能）	
17:30	夕食	食堂掃除・歯磨き		
19:00	自由時間	就寝準備・服薬・自由時間		
20:00〜21:00	就寝	反省会・就寝・消灯		

（注）個別指導を必要に応じて受ける

表4-5 知的障害児施設K園 週間日程

区分		日（曜）	月	火	水	木	金	土
就学児		パジャマ・シーツ洗濯（予備日）衣類整理 入浴支援 自由遊び	入浴支援 個別支援	身辺処理 個別支援 遊び支援 パジャマ・シーツ洗濯（要介助児）	カッター・ブラウス洗濯 入浴支援 個別支援	棟活動 園外活動（含む買い物） レクリエーション 運動遊び	入浴支援 個別支援 靴洗い 持ち帰り品の点検・洗濯（要介助者）	パジャマ・シーツ・制服・作業服等の洗濯 靴洗い 自由遊び 自治会
生活班	幼児	個別支援 入浴支援	個別支援 入浴支援	個別支援	A教室参加＊	個別支援	B教室参加＊＊	自由遊び
	義務教育修了後	個別支援 入浴支援	個別支援 入浴支援	個別支援	個別支援 入浴支援	個別支援	個別支援 入浴支援	個別支援

（注）＊A教室，＊＊B教室　K園が実施している在宅支援外来療育等指導事業で発達が気になる幼児が対象

を食堂で食べる。食後は各自，歯磨きや薬の服用などをすませ身支度を整える。就学児童は8時頃から登校し15時過ぎまで学校生活を送る。就学前の幼児や義務教育を修了した者は生活班に分かれ，養育訓練や作業，買物，調理実習等の訓練を受ける。16時に入浴し，17時半から夕食，自由時間を過ごし，20時から21時には就寝となる。

入浴は週4回（日曜，月曜，水曜，金曜日）で，その他年齢や個々の状況に応じて，洗濯，衣類の整理，運動遊びなどの指導を受ける。週末に自宅へ帰省する児童については，金曜日に持ち帰り品の点検・洗濯等を行っている。また，就学前の幼児は，水曜と金曜にK園が実施している在宅児向けの療育指導事業に参加し，小集団・個別活動を行っている。

なお，次のような年間行事があり，児童は日々の生活のなかで季節感を体験しながら，集団生活をできるかぎり楽しく過ごせるよう配慮されている。

4月）定期健康診断，6月）ふれあい運動会，卒業生との座談会，7月）七夕会，8月）海水浴，キャンプ，夏祭り，10月）ピクニック，12月）クリスマス会，もちつき，1月）ぜんざい会，2月）節分，3月）ひな祭り，お別れバス旅行，退園式，など。

(5) 知的障害児施設における保育士の役割（M園の例）

知的障害児施設M園の事例を通して，保育士の支援と役割について考えてみよう。

> **事例**
> S保育士は自閉傾向のH男（9歳）のことで困っていた。それは，H男が保育士や児童指導員の言うことをまったく聞かず，また他の子どもに対しても，唾を吐いたり，叩いたりなどの問題行動が目立っていたからである。一方で，自分の頭を自分で叩くという自傷行為も頻繁に行っており，止めれば止めるほど叩くことをやめないため，ついつい保育士も「やめなさい！」と大声を張り上げることが多くなっていた。
>
> H男は自閉的傾向のある知的障害をもち，こだわりが強く，常同行動がみられた。たとえば，洗濯機の水を一日中見続けたり，風呂では水をバシャバシャとしぶきをあげ，それをずっと見ているということが大好きであった。そして就寝前は必ず，青いブロックを右手に持ち，それを左手にぺたぺたと叩くことをしないと寝ることができない。また，ことばはオウム返しで，心配事があると，何度も何度も不安そうに繰り返しつぶやき，何回も職員に尋ねないと気がすまないという状態であった。S保育士が勤める施設の指導方針は，子どものいうことに耳を傾け受容し見守る指導と，社会適応能力を伸ばし，自立促進のための徹底したアプローチをする指導を行っていた。S保育士の方針は前者であり，子どもがいかに施設の中で，安心して，楽しく暮らしていけるかを常に考えている。また，施設内の職員間で「自閉症研究会」を発足させ，障害のある子どもの教育や生活について議論を交わす等，職員間の意見交換の場を積極的に設けている。
>
> その日，H男は朝食の時間に食堂のテレビを勝手につけ，それを指導員に注意されたことに端を発し，近くにいたA子さんを突き飛ばした。その後，H男は激しい自傷行為を行い食堂は騒然となったが，幸いにもA子さんに怪我はなかったので，S保育士はH男を個室に連れて行き落ち着くように対応しながら，登校の準備を促した。H男にとって，この朝食時の出来事は，印象深いことだったのであろう。「学校いこうね。たたいたらだめだよ。やめようね」と自身で何度も繰り返し言い続けていた。

このように自閉的傾向のある子どもはこだわりが強く，同じ行動を繰り返すことが多い。そのため，保育士は子どもの行動を観察しながら，その行動の意味を理解し，情緒の安定に結びつけるように対応することが重要である。
　つまり，保育士は細やかな行動観察を記録に残し，それをふまえて行動分析を行い，どのような支援が必要なのか適切に判断し支援にあたることが求められる。もちろん，こころの暖かさと熱意をもってかつ冷静に根気強く，子どもと向きあうことは必要不可欠なことである。

　ところで，近年，常同行動や自傷・他害行為障害，注意欠陥多動性障害（ADHD）などの行動に問題がある児童が増加し，重度・重複障害が増えている。さらに，疾患等をもつ保護者や虐待を行う保護者も増えている。そのため，発達・生活支援のための保育士の役割だけではなく，より専門的な支援が求められている。つまり，年齢別対応やその子どもの能力および適性に応じた個別的な対応が求められているため，障害や発達等の知識が学習できる専門的な研修や事例検討ができる場が必要である。

(6) 今後の課題

　昨今の障害児保育や特別支援教育等の普及により，障害をもつ子どもが地域で生活できるようになってきた。それに伴って知的障害児施設の在園児が年々減少し，施設数も減少している。現在の知的障害児施設の在園者の半数以上は18歳以上であり，本来の児童福祉施設にはない現状がみられる。
　ノーマライゼーションの浸透により地域で生活できる環境をつくっていく方向にあるので，児童施設においても，在所中から退所後の自活・就労に向けた道すじを立てるための早期支援が求められている。
　子どもは本来家庭で養育されるべきであるにもかかわらず，施設で生活をしなければならないこと自体が問題である。どのような障害をもっていても，早期発見・療育に伴う保護者への必要な支援が充実していれば家庭での養育が可能となるかもしれない。
　これからは地域福祉の観点から，地域の療育資源の充実と支援機能の整備が求められる。つまり，近年の障害の捉え方の変化により，知的障害児施設に対して「児童発達支援施設」として総合的な支援機能が求められる。

児童発達支援施設
　発達障害をもつ子どもの心身の適正な発達を支援し，円滑な社会生活の促進を図る，およびその家族を支援するための施設である。

学習課題
1. 知的障害児施設の目的をまとめよう。
2. 知的障害児施設で生活する子どもの一日の様子をまとめよう。
3. 子どもの障害の状況と保育士の支援と役割をまとめよう。
---

4. 肢体不自由児施設

(1) 目　的
　肢体不自由児施設は，「肢体不自由（上肢，下肢または体幹の機能障害）のある児童を治療するとともに，独立自活に必要な知識技能を与えることを目

的とする施設」(児童福祉法第42条) である。さらにこの施設の種類は, 児童福祉法に基づく施設であると同時に医療法に基づく医療施設であるとしている。この施設では, 長期にわたり治療訓練を必要とする身体障害をもつ子どもたちが親から離れて, 医学的治療とともに自立に必要な知識や技能を獲得するために生活している。全国で56ヶ所, 約2000人の子どもたちがそこで生活している (平成22年度厚生労働省社会福祉施設等調査)。施設のなかには肢体不自由特別支援学校を併設している所もある。

肢体不自由児施設は本来入園 (所) 施設であり, その目的は肢体不自由児を一定期間措置入園させて治療と教育を行い, 将来自立できるようにすることであるが, 現在はさまざまな要望に応えて一般外来, 一般入院, 短期入所, 通園 (所) などのサービスを行っている。

(2) 対　象

肢体不自由児施設の利用者は脳性麻痺が多く, その他頭部外傷・急性脳症などの後遺症群, 筋ジストロフィー症等の筋疾患, 骨・関節障害等の身体障害をもち, 長期にわたり治療やリハビリテーションを必要とする18歳未満の子どもたちを主として, 在宅で生活している身体障害をもつ子どもおよびその家族である。子どもたちのなかには, 肢体不自由に合併して言語障害や知的障害や行動障害やてんかんや眼科疾患, 耳鼻科疾患をもつ場合がある。入院や通園の相談は各都道府県にある児童相談所が利用相談窓口になっている。利用決定は, 各都道府県知事の委任により児童相談所長による「措置」という形で行われている。

肢体不自由児施設の利用者の年齢範囲は, 乳幼児, 就学児・学齢児, 年長者となっている。近年は, 重度重複児の増加, 養護性に欠ける家庭の児童の増加に伴い, 重症心身障害児施設やショートステイ専用床 (全年齢, 社会的, あるいは私的理由での一時入所) を併設しているところもある。

入院 (所) の目的は, 整形外科手術後のリハビリテーションや発達促進の指導を受けること以外に, 近年は本人や周囲の人の事由で家庭での生活が困難で養護性の低下による社会的入院 (所) が増加している。

利用者のうち乳幼児や学齢児は, 隣接した肢体不自由特別支援学校や院内幼稚園で過ごし教育的サービスを受けることができる。

(3) 保育内容
1) 療育にあたっての理念や基本姿勢

保育士は,「入院生活」,「入院での暮らし」を通して, 医師, 療法士, 看護師などの医療スタッフとお互いに連携協力し, 利用者の生活支援を実施する。とくに, 利用者の入院生活を24時間援助することは, 保育士, 指導員が看護師と協力して可能となる。

ここでの保育プログラムは, 生活指導員や保育士が中心となり指導内容が計画され実施される。この「病棟での暮らし」とは, 家庭で生活することに準じることである。つまりこれは入所者の生活そのものである。このように子どもの入院生活の「暮らし」を支えることは療育スタッフの重要な業務である。

具体的な業務内容は, 個々の利用者に応じて, 将来望ましい社会生活を営

むことができるように日常生活諸動作の確立・保育活動やグループワーク・諸行事などを通して発達段階に応じた生活体験の拡大をめざしている。入院生活を送る子どもたちは，年齢に応じて，施設の幼稚部や隣接の肢体不自由特別支援学校（小学部，中学部，高等部）に所属し，日常生活動作の獲得ばかりでなく，友人や仲間，いろいろな人々のかかわり，規則や役割などさまざまなことを学んでいく。とくに，近年は入所者の生活を少しでも家庭生活に近づけるための工夫を取り入れて入院生活が少しでも楽しく豊かになるようにいろいろな取り組みが積極的になされるようになってきている。

2）具体的な保育士の取り組み

まず，利用者の生活の場としての位置づけ，そこに暮らしていることを確認する。理学療法士，作業療法士，言語聴覚士，臨床心理士，ケースワーカーや看護師とは情報交換を密に行い，情報の共有化を図りながら利用者のニーズに応えることが大切である。1日の生活の流れでは，起床，朝食後は，学齢児は隣接の肢体不自由特別支援学校へ登校し，就学前児は施設内の幼稚園へ登園し，年長者は施設内のグループ活動に参加する。帰園後や下校後は施設にもどり，日常生活活動や余暇活動のサービスを受ける。

身辺自立活動への援助として排泄・入浴・食事・更衣・整容・移動活動等の指導，援助を行う。さらに，施設入所や家庭復帰のための自立訓練が必要な可能対象者は日常生活関連活動，つまり掃除，買い物，散歩，外出，洗濯，通信活動，調理等まで指導範囲を広げていく。

また，保育士は対象者の暦年齢に応じて活動を行う。

就学前児である幼児を対象としたグループと特別支援学校を卒業した年長の利用者に分けて，保育活動を実施し，個別の指導目標に従って指導がなされる。

事例 1

Yちゃん（脳性麻痺，けい直型四肢麻痺）5歳女児

母親が次子出産のために入院ケース。本児は寝返りで家具に向かって移動したり，ボタンを押して玩具を操作して楽しんでいる。テレビの前にあぐら座位で座らせるとテレビの歌番組を見て笑う。歩行器に乗りたいときには「ブーブー」，のどが渇いたときには「お茶，お茶」とことばで要求する。遊びは感覚遊び中心から，人との遊びを楽しめるようになってきた。以前はカーテンを触ってひらひらさせるだけだったが，カーテンをもって「いない，いないばー」といいながらことばでのかかわりを楽しんでいる。そこで保育士は，①ことばと実際の場面を一致させてコミュニケーションをとりやすくする，②就学を控えているため，食事動作の獲得，排尿の予告の獲得をめざす，③興味ある遊びを増やす，などの役割を果たす。

本児は聴覚処理に比し視覚処理が苦手だが，最近は上手に目が使えるようになり，能動的に人や物に関心を示すようになってきた。食事機能の獲得は作業療法士と連携し，図4-3のようなプログラムを作成し食事場面で実施した。

Yちゃんの食事介助の方法

★スプーンに食物を乗せることはこちらで行います
★Yちゃんの食事の流れは以下の通りです

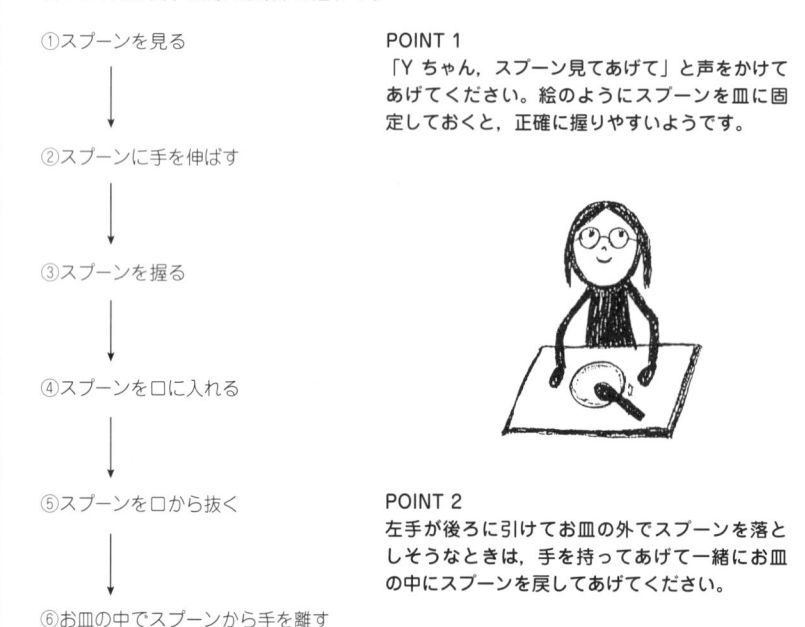

① スプーンを見る
　↓
② スプーンに手を伸ばす
　↓
③ スプーンを握る
　↓
④ スプーンを口に入れる
　↓
⑤ スプーンを口から抜く
　↓
⑥ お皿の中でスプーンから手を離す

POINT 1
「Yちゃん，スプーン見てあげて」と声をかけてあげてください。絵のようにスプーンを皿に固定しておくと，正確に握りやすいようです。

POINT 2
左手が後ろに引けてお皿の外でスプーンを落としそうなときは，手を持ってあげて一緒にお皿の中にスプーンを戻してあげてください。

なお，スプーンを握れば，スプーンを口に入れたり抜いたりはYちゃんが自分でできます。①②も好きなメニューのときは自分でできます。Yちゃんの自発的な動きを待ってみて，声かけをしたり手伝ってあげたりしてください。
可能であれば，毎食少しずつでも一緒に実行してください。

図4-3 Yちゃんの食事介助

事例2

Mさん（脳性麻痺，アテトーゼ型四肢麻痺）17歳女子
家庭での自立生活をめざしての入院ケース。まず，すべての専門家で利用者の状態の評価を行い，できるところ，できないところ，できそうなところを明確にする。移動能力や日常生活能力は理学療法，作業療法でも評価するが，保育士も，日常生活の指導，介助の中で自分でできるところ，できないところを観察する。できるところは自分で行い，できないところは介助者の援助を用いて生活を組み立てていく。介助の方法は看護師や理学療法士の指導を参考にする。自立生活に必要な社会資源の利用の仕方，年金等の金銭管理，支援者との適切な対応方法などは具体的な指導を通して学習の指導を行った。

事例3

Uくん（脳性麻痺，けい直型両麻痺）6歳男児
歩行能力獲得のための入院ケース。ことばでコミュニケーションが可能。上肢の運動麻痺は軽度であるが，知的能力にばらつきがあり，集中力は持続しにくい状態である。しかし，興味があるものやイメージがつかめるパソコンは上手に操

> 作できる。本児の生活上の問題は，目的とした行動（遊びや日常生活動作等）が持続できないことだった。そこで，保育士は遊びの設定を単純化し，ゴールを理解させやすく，モチベーションを引き出し，達成感を与えるための対応を図った。

　就学前児においては，健康の促進，生活リズムの獲得，発達の促進等を重要な柱にしている。年長者の活動は，本人の興味や希望をできるだけ取り込み余暇活動を実施する。具体的な活動内容は，散歩，話し相手，ゲーム，リラクゼーション，レクレーション，製作，調理，外出，誕生会，季節行事など日常，非日常的生活活動を個別指導や集団場面で実施する。これらは，保育士および指導員を中心に医師，療法士，看護師と共同で企画し実施する。また就学児に対しては，学習活動で宿題指導も行う。年に１～２回は，利用者の保護者参加の行事として遠足やマラソンなども計画されることもある。

3) 他職種との連携
　肢体不自由児施設では多くの専門家が参加し，チームを組んで仕事を行う。
　この施設で働く人の職種は，医療法上の病院として必要な職員つまり，医師，歯科医師，看護師，薬剤師，衛生検査技士の他に，施設長，児童指導員，保育士，理学療法士，作業療法士，言語聴覚士，臨床心理士，リハビリ工学技士，調理員，栄養士，事務員，運転手等である。それぞれがその専門性を生かして子どもたちの療育や生活を援助している。職員数は子どもの数によって定数が定められている。たとえば，児童指導員または保育士は乳幼児10人につき１人以上，少年20人に１人以上となっている。
　子ども一人ひとりの障害に合わせた診断・治療・療育が，医師の指示のもとで行われる一方，自立へ向けた生活指導・学習指導・職業指導などが併設する特別支援学校との連携のなかで行われている。週末には帰宅して家庭で過ごす子どもたちも多く，家庭との連携は重要な仕事のひとつである。
　また，治療・指導・教育のなかで，子どもたちの生活をその障害に合わせてきめ細かに組み立てている。医療部門では外来サービスを受けており，広く地域社会のなかで，在宅で療育に取り組んでいる家庭への支援を実施している。また，発達相談や発達クリニック等を通して，障害をもった子どもの早期発見と早期治療等にも取り組んでいる。他の児童福祉施設と同じように地域社会にあって社会資源としての機能が期待されている。保育士はこの外来での指導にも参加し子育ての視点から母親たちへ助言指導を行う。
　発達障害分野でのリハビリテーションは，療育ともいわれている。早期療育における障害軽減に対する医療中心アプローチから，地域生活支援のための医療，福祉，教育の連携による子ども中心，家族中心の療育へと発展してきた。肢体不自由児をふくむ発達障害をもつ子どもたちの多くは，長期的な療育支援を必要としている。生活時間，生活空間の流れのなかで，早期の機能獲得を中心とした専門的治療介入は非常に重要ではある。一方で生活者としての地域生活支援を見据えた具体的，現実的な生活技能の計画的な改善も考え，手を打っていくことが望ましい。地域生活支援は今後ますます展開されるべきものである。

(4) 今後の課題

　肢体不自由児施設は，子どもが家庭で生活するのと同じような暮らしをするところである。ここでは，子どもが専門的指導で培った力を日常生活にいかに生かしていくかが重要である。入院環境の質の向上を進めるために利用者の生活指導を援助する保育士の役割は大切である。また，利用者の多様化に対しては，利用者一人ひとりの個人指導支援計画の作成が必要である。この計画書では，各自の入院期間中の指導目標，方法などが記される。利用者および家族が，ライフステージのすべての段階において人間らしく生きられる施設とサービスが求められている。そこでの課題としては以下のことがあげられる。

① 利用者にはできるだけ家庭生活に近づけた入院環境を提供し，好ましい環境を提供する。
② 保育士，指導員はその専門性を生かし利用者の一人ひとりに応じた個別支援計画を作成し質の高いサービスを提供する。
③ 利用者一人ひとりのライフステージに応じた指導目標を作成し指導を行う。つまり成人期に必要な能力獲得のために幼少期からの適切な指導を実施する。

学習課題
1. 肢体不自由児施設での保育士の役割をまとめてみよう。
2. 肢体不自由児施設で保育士以外に参加するスタッフの職種をあげてみよう。

参考文献
社会福祉法人全国社会福祉協議会　1999　よくわかる社会福祉施設　全国社会福祉協議会出版部

5. 重症心身障害児施設（医療型障害児入所施設）

(1) はじめに

　重度の知的障害と重度の肢体不自由が重複しており，意思表示のままならない重症心身障害児の福祉制度は，戦後すぐからの小林提樹氏や糸賀一雄氏らの尽力と島田療育園並びにびわこ学園，秋津療育園といった先駆的な重症心身障害児施設，そして全国重症心身障害児（者）を守る会の地道な活動などを基盤に推し進められてきた。その結果，昭和42（1967）年の児童福祉法の改正によって，その第43条の3に重症心身障害児の規定が始めて登場し，ようやく法制化されたのである。2012年4月現在，重症心身障害児（者）は約40,000人，そのうちの約13,300人が施設に入所し，約27,000人が在宅で生活している。

　なお，平成24年4月の児童福祉法改正により，重症心身障害児施設は「障害児入所施設」に一元化されたうえで，「医療型障害児入所施設」に体系付けられることとなった。さらに満18歳未満は児童福祉法で対応，満18歳以上

は「療養介護」とし，自立支援法の対応となった。今後も「障がい児総合福祉法」（仮称）に向けてさまざまな体系の変更が予想される。

(2) 目　的

児童福祉法42条は「障害児入所施設は，次の各号に掲げる区分に応じ，障害児を入所させて，当該各号に定める支援を行うことを目的とする施設とする」とし，その2項に「医療型障害児入所施設　保護，日常生活の指導，独立自活に必要な知識技能の付与及び治療」として重症心身障害児に対する目的と支援を明記している。

なお，18歳以上の重症心身障害児および「支援がなければ福祉を損なうおそれがあると認められる」満20歳以上の重症心身障害者は，障害者総合支援法のもとで「療養介護」としての対応を受ける。すなわち，いわゆる「重症心身障害児施設」では，「医療型障害児入所施設」と「療養介護」の両方の指定を同時に受けて，従来どおりの「児者一貫」した支援が行われる。

重度の知的障害とは，一般にはIQ35以下を意味し，療育手帳の重度判定に該当する程度であり，人の話すことばの意味が理解できない，自分の気持ちをことばやその他の手段で表現できない，などのコミュニケーション能力の障害や日常生活における適応技能の制限を伴う状態をいう。また重度の肢体不自由とは，身体障害の等級表による肢体不自由の程度が1～2級に該当する状態を意味し，両上下肢や体幹に著しい障害があるために，座れない，立てない，歩けない，自分の手で食事や衣類の着脱など，日常生活習慣の自立が著しく困難である状態をいう。

(3) 対　象

重症心身障害児の定義とその障害の程度を表すもののひとつに，「大島の分類」（図4-4）がある。この分類は，横軸が姿勢・移動の状態を，縦軸に知的機能を示すものである。

入所対象になるのは，定義上の重症心身障害児すなわち区分1～4に該当する人たちであるが，この他，合併症や医療的ケアの必要性があれば区分5～9に該当する人たちもふくまれるとされている。

入所児（者）のおよそ30％は必ずしも上記の定義上の重症心身障害児（者）の定義には該当しない人々である。それには以下のような事情がある。

昭和42（1967）年8月1日の児童福祉法の一部改正で重症心身障害児施設は同法43条の4に規定されたが，それ以前に入所していた人たちのなかには幅広い障害，すなわち定義上の重症心身障害に当てはまらない人たちがい

知的機能						
	21	22	23	24	25	IQ80
	20	13	14	15	16	70 軽度
	19	12	7	8	9	50 中度
	18	11	6	3	4	35 重度
	17	10	5	2	1	20 最重度
	走れる	歩ける	歩行障害	座れる	寝たきり	

姿勢・移動の状態

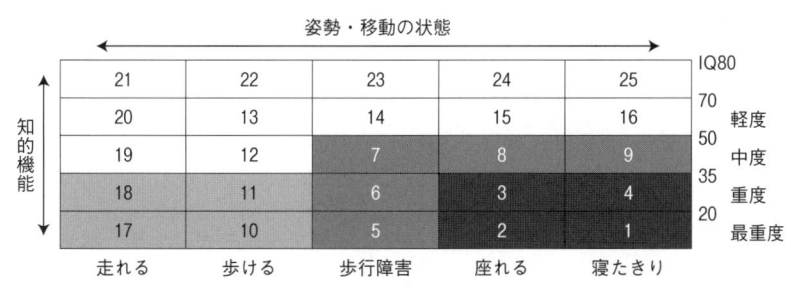

図4-4　大島の分類

大島の分類
府中教育センター本院長の大島一良の作成した重症心身障害児の区分。分類表の1～4を重症心身障害児（者）と定義している。

表 4-6 重症心身障害児施設数および定員数（平成 24 年 4 月現在）
(全国重症心身障害児（者）を守る会，2012)

施設の種類	設置箇所数	定員
公・法人立	124	12,353（療養介護 60 を含む）
国立高度専門医療センター	1	60
独立行政法人国立病院機構	73	7,554（療養介護 106 を含む）
合計	198	19,967

た。同年 8 月 24 日，厚生省は，たとえ定義外の障害であっても，重症心身障害児と同様の保護を必要とする者は入所できるとして事務次官通知（発児 101）を出した。

その他，肢体不自由児施設や知的障害児施設等の重度棟で受け止められない人たちも数多く入所している実態があり，知的な障害がまったくない人，ほとんど身体の障害のみられない人も入所している場合がある。また，施設で発達が促進され，定義をはずれながらその人に相当する施設がなく，そのまま入所しているケースもある。しかし，平成 24 年 4 月の児童福祉法の改正により，「福祉型障害児入所施設」や障害者施設への転換など，入所児（者）に応じた支援の改編がなされている。

表 4-6 は定義以外の入所児（者）がふくまれていることから，総計が 19,967 人となっている（この定員の約 95％を入所者数と算定した場合，入所者数は約 18,969 人であり，うち重症心身障害児者は約 13,300 人となる）。

(4) 重症心身障害児の発生時期と主要な原因

重症心身障害となる原因は中枢神経系，とくに脳の障害からのものであり，それは胎生期から 18 歳までに発現したものをいう。なお 18 歳以降に発症した脳障害は重症心身障害とはしないとされている。

全国重症心身障害児施設実態調査（日本重症児福祉協会（編）2003 年 4 月 1 日現在）による入所児（者）9,889 人の主要病因とその発生時期は，出生前の原因として感染症・中毒，代謝障害，母体の疾患，染色体異常などで約 29％，出生時・新生児期の原因として分娩異常，低体重児など新生児期の異常などで約 37％，新生児期後の原因として脳炎，脳外傷，血管障害などで約 30％，不明が約 4％となっている。

(5) 入所の理由

重症心身障害児の多くはさまざまな合併症をもち，医療的ケアを必要とする。また医療・看護等の充実により死亡率が減少し，60 歳を超える入所者も多く，ほとんどの施設が平均年齢は 30 歳を超える現状である。入所理由としてはおおよそ以下のようなものであるが，いくつかの理由が重なるケースも多い。

①障害の程度や合併症が重篤で，濃厚な医療が常に必要であり，家庭で養育・看護できないため。
②親が死亡，高齢，病気，経済的事由のために家庭の養育機能が低下。

③有期限・有目的で適切な医療やリハビリ，療育等を受けるため．
　④短期入所．

(6) 職　　員
　働く職種が多いことが重症心身障害児（者）施設の特徴のひとつである．医師（小児科，精神神経科，整形外科，内科，外科，歯科など），理学療法士，作業療法士，言語治療士，心理療法士，薬剤師，放射線技師，看護師，保育士，児童指導員，介護福祉士，栄養士，調理員，洗濯員，事務関係など，多くのスタッフのチームワークが必要とされている．

(7) 内　　容
　重症心身障害児はその重い障害ゆえに，自分の意思を表出する手段が極端に制限されている．その状態は「何も理解できない」「何も感じていない」などと誤解されかねない状態でもある．

　現実的にはほとんど自分では何もできず，コミュニケーションもかなり困難な状況ではあるが，そこで働く職員はその継続的なかかわりを通して重症心身障害児の真の姿に触れ，人間存在の意味に目覚めていくという．

　外面的な発達や成長の姿は遅々として進まないかもしれないが，その精神の輝きは健常といわれる人々に多くの示唆を与え続けている．

　糸賀一雄氏が「この子らに世の光をではなく，この子らを世の光に」と語ったことは有名である．これはこの子らは人々から救済を受ける立場とみられがちであるが，実はこの子らこそ人々に生きる光を手向けているのだという，重症心身障害児と真にかかわった人の深いメッセージである．

　旭川荘の江草安彦らは具体的な療育目標として次の4つをあげている．
　①生命の維持，健康の増進をめざした医療，看護を中心とした努力．
　②障害の克服をめざした医療，訓練，保育，生活教育の実践．
　③成長期にある児童の場合には発達の促進，老化の防止をめざした保育，生活教育，教育の実践．
　④生きがいを高めるための生活者としての全生活への配慮を行う．

(8) 在宅重症心身障害児への支援
　在宅の重症心身障害児は約27,000人といわれ，近年は濃厚な医療を必要とする超重症心身障害児が増加傾向にある．重症心身障害児施設に空床があるにもかかわらず，できうる限りは手元で育てたい，家族とともに生活したいと願う親の方の強い思いがあるからである．しかし，一日一日，24時間の見守りや介護を必要とする現状にあって，その日々の生活を支援する対策が不可欠である．

　重症心身障害児（者）に対する在宅支援の要の一つとして通園事業がある．平成23年度重症心身障害児（者）通園事業一覧（厚生労働省作成）によると，A型（定員15人）が65ヶ所，B型（定員5人）が243ヶ所で，計308施設で実施されている．この通園事業は平成24年度4月より「児童発達支援センター」あるいは「児童発達支援事業」として法定化された．また満18歳以上の者も「生活介護」として支援され，従来どおり，児者一体的な支援が継続されている．

障害児通所支援の目的として児童福祉法第6条の2の第2項において「児童発達支援とは，障害児につき，児童発達支援センターその他の厚生労働省令で定める施設に通わせ，日常生活における基本的な動作の指導，知識技能の付与，集団生活への適応訓練その他の厚生労働省令で定める便宜を付与することをいう」としている。

その他の在宅支援として，訪問介護サービス，訪問看護サービス，訪問リハビリサービスなど，個別に必要に応じたサービスが行われている。

(9) 今後の課題

近年，周産期医療の進歩により，継続的濃厚医療・濃厚ケアを必要とし，モニターやこまかな観察を要し人手のかかる超重症心身障害児が大学病院や小児センターなどから入所しつつある。そういうまさに生命の維持を主眼にした医療から，発達援助，生活の質の向上，生きがいや社会参加の保障などにいたるまで，幅広い支援の提供が求められる。

学習課題
1. 糸賀一雄氏の「この子らに世の光りをではなく，この子らを世の光りに」のことばは，具体的にどのようなことなのか，みんなで話し合ってみよう。
2. 在宅の重症心身障害児（者）の親や家族が，どのように子どもの療育をされているか調査してみよう。

引用文献
日本重症児福祉協会（編） 2003 全国重症心身障害児施設実態調査

参考文献
浅井春夫（監修） 2009 児童養護の原理と実践的活用 保育出版社
村上英治 1979 重症心身障害児 川島書店
野辺明子・加部一彦・横尾京子（編） 1999 障害をもつ子を産むということ 中央法規
高松鶴吉 1991 療育とはなにか ぶどう社

6. 盲ろうあ児施設

(1) はじめに

「子どもは健やかな成長が確保され，安定した家庭環境で生活する成長過程を，児童福祉施設でもとらなければならない」（児童憲章 S.26）。

また，「児童は人として尊ばれ，社会の一員として重んぜられ，良い環境の中で育てられるべきものである」（児童権利宣言昭和35年制定）。「かけがえのない個性をもった，あたりまえの子どもとして，あたりまえに障害児も生きていけるよう配慮されなければならない」（ノーマライゼーション）。いつの時代にも児童福祉施設は，その時代の社会的ニーズに応え，開拓的・創造的努力を続けてきた経緯がある。児童福祉法が制定され，盲ろうあ児施設は虚弱児および肢体不自由児とともに混在入所し一括して療育施設とされてい

表4-7 盲ろうあ児施設の推移 (平成22年社会福祉施設等調査より)

	盲児施設			ろうあ児施設		
	施設数	定員	在所者数	施設数	定員	在所者数
1970	32	1769	1444	37	2671	2018
1980	29	1725	980	29	2074	841
1990	21	1047	365	18	1029	293
1998	14	424	176	16	571	215
2010	9	183	120	10	213	142

たが，昭和26（1951）年の改正で，盲ろうあ児施設は独立の児童福祉施設として規定されている（表4-7）。

現在規定されている児童福祉施設は，盲ろうあ児施設をふくめ14種類である。

(2) 目　的

盲ろうあ児施設は，「盲児（強度の弱視児を含む。）又はろうあ児（強度の難聴児を含む。）を入所させて，これを保護するとともに，独立自活に必要な指導又は援助をすることを目的とする施設」（児童福祉法第42条）である。施設入所が必要な児童は，児童相談所の判定を経て措置され入所となる。

①保護者のいない児童
②保護者と同居するのが好ましくない児童
③本人の性情を考え施設入所が妥当と思われる児童

(3) 対　象

施設入所児童数は昭和40（1965）年前後をピークに減少傾向となり，逆に視覚・聴覚障害に加えて知的障害，自閉症などの障害をあわせもつ重度・重複障害児の教育や福祉が課題としてクローズアップされ，そのような重複障害児の社会適応能力の向上のための保護が必要となってきている。

昭和61（1986）年，満20歳になるまで盲重複障害児の措置延長が特例として許可され，その後は毎年，誕生日ごとに翌年の誕生日まで1年間の期限付きで措置延長が認められるようなった。

わが国は国際障害者年の活動等も経て，少しずつではあるが障害児者に対する理解や制度（システム）も進み，障害は特性であり，個性であるとの捉え方が徐々に広がってきた。

国際障害者年
わが国では「完全参加と平等」のテーマのもとに1981年～1990年まで多くの障害者活動が取り組まれた。

(4) 養護の内容

入所児童は家庭生活や社会生活の経験が乏しくなる恐れがあるので，その機会をつくり積極的に体験を増やす必要がある。

職員は児童とともに生活しその指導を行い，いわば家庭教育（親業）を代行する。つまり児童への安定した家庭的な生活と母親に代わる母性的な養護内容が不可欠であり，また，入所児童は母親との別離体験からくる心理的ストレスを受けやすく，それをやわらげる努力も重要であるから生活居住環境は大舎制よりアットホームな小舎制が望まれる。

表 4-8 盲ろうあ児施設　熊本ライトハウスの日課

通学時 (休日等)	起床	6:30（7:30）
	朝食	7:00（8:00）
	登校	8:00
	※幼稚部	9:00（付き添い）
	在園生の指導	9:30～11:30
	昼食	12:00（学校給食）
	在園生フリータイム	
	下校迎え（幼稚部・小中高各々）	13:30～16:00
	夕食	17:00
	フリータイム・ティータイム	
	就寝準備・就寝	20:00～22:00

（主な指導事項）
- 生活習慣　　起床・洗面・食事など日常的な基本的生活習慣
- 学習指導　　宿題・予習・復習など学力向上のための取り組み
- 集団生活　　集団の生活で自制心を養い仲間と協力する心を育てる
- 社会適応　　近くの店や街での買い物，宿泊旅行，バザー，餅つき等園内行事で地域の方々との交流を通じて，社会性の向上をめざす。

例として，表4-8に熊本ライトハウスの日課をあげる。

(5) 課題および今後の施設の役割

　入所児童の重度・重複化傾向の中で，入所期間の長期化もやむをえない児童のため療育・訓練などの専門機能の強化や，「安全・安心・楽しい生活」を目指しマンパワーの確保とともに施設設備の改善など，より一層の取り組みが望まれる。また，盲ろうあ児施設の希少性からも地域福祉時代を迎えるなかで，専門的ノウハウとともに職員の資質向上のため，自らの学びや研鑽が求められる。一方入所児童の保護者・家庭の不安やろう・盲学校教育（特別支援教育）現場との信頼関係ならびに連携は，社会への情報発信とともに障害児理解の啓発活動に施設は重要な役割を負っている。

　平成9（1997）年の社会福祉基礎構造改革および平成15（2003）年の支援費制度，平成17（2005）年の障害者自立支援法（平成25年4月より障害者総合支援法）と，そのシステムは時代により変わってきているが，障害児に対する支援者の感性と情熱は制度が変わっても不変なものである。

　盲ろうあ児施設をはじめこれからの施設の役割は，現在核家族化，少子化，さらに地域とのつながりが少なくなってきた都市化現象もみられ，母親の出産，病気等により家庭で障害児を養護することが困難となるために，一時施設（短期入所）に預けざるをえない事態が増え，家庭支援の要素も重要となってくるだろう。

　また，親に絶えず希望を与えて力づけ続けることも施設職員の使命と考える。

　このように福祉へのニーズは収容型福祉から家族の必要に応じて，施設を利用可能な在宅障害児への福祉サービスの需要も増え，措置制度から支援費制度へと50年ぶりの改革により，関係者みなの意識改革が必要となっている。

支援費制度
　行政が行政の責任で施設利用等を決定していた措置制度から，利用する本人とサービス提供する事業者とが直接契約する支援費制度が平成15（2003）年4月からスタートした。

短期入所
　家庭で生活している障害児が保護者の外出，旅行，入退院などの際，短期に施設を利用し日常生活上の支援を受けることができる。

―学習課題―
1. 盲ろうあ児施設における保育士の役割についてまとめてみよう。
2. 盲ろうあ児施設における課題をあげて,説明してみよう。

情緒・行動に問題のある児童のための施設 5

1. 情緒障害児短期治療施設

(1) 目 的

　情緒障害児短期治療施設（以下，情短施設という）は，「軽度の情緒障害を有する児童を，短期間，入所させ，又は保護者の下から通わせて，その情緒障害を治し，あわせて退所した者について相談その他の援助を行うことを目的とする施設」（児童福祉法第43条の2）である。この施設は，情緒発達のつまずきや情緒面での混乱等によって，社会不適応をきたしている子どもたちに対して，なるべく早期の段階から，治療的なケアを行っていくことが重要だという考え方に基づいて設置されたものである[1]。最近では，児童虐待の増加[2]（図5-1）が大きな社会問題となって，早期に発見し，対応することが重要になってきているが，虐待が子どもの心と身体に与える影響はかなり深刻なものであり，子どもを虐待環境から保護するというだけではなく，あわせて治療的なケアを行うことが必要だと考えられるようになってきた。また，近年，注意欠陥多動性障害や学習障害，高機能自閉症等のいわゆる発達

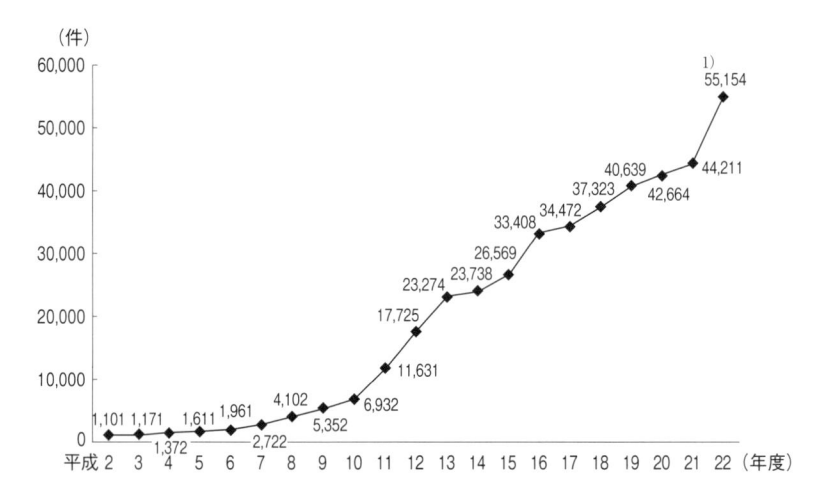

情緒障害
　「家庭，学校，近隣での人間関係のゆがみによって，感情生活に支障をきたし，社会適応が困難になった状態」を指す。発達障害により二次的にそのような状態が生じた場合もふくむ。なお，このことばは行政用語であって，明確な定義をもつ医学用語ではない。

児童虐待
　平成12（2000）年に成立した「児童虐待の防止等に関する法律」によれば，保護者および保護者以外の同居人が，子どもに対して行う身体的虐待，ネグレクト，心理的虐待，性的虐待であって，子どもの人権を侵害する行為であるとされている。

注1）平成22年度（速報値）の件数は，宮城県，福島県，仙台市を除いて集計した数値である。

図5-1　全国の児童相談所における児童虐待の相談処理件数
（厚生労働省「社会福祉行政業務報告書」各年度版より）

障害[3]についての理解も深まってきたが，このような発達障害を抱えた子どもたちが，周囲の不適切な対応によって，二次的に情緒的な問題を引き起こしていることも知られてきた。そのため，このような子どもたちに対しても治療的なケアが必要だと考えられている。これらに伴い，治療的な体制を整えた情短施設への期待が高まっており，全国各地において，近年，施設の新設が相次いでいる状況にある。

(2) 対　　象

対象となる児童，すなわち情緒障害を有する児童とは，一般に「障害」ということばを使った場合には，「生涯にわたって恒久的に影響を及ぼすもの」として受け止められやすいが，その概念とは異なり，情緒の「一時的な混乱」という意味で理解する必要がある。つまり，心理的・環境的要因によって，一時的に不適応行動を示している児童として捉えるものである。ただし，近年は子どもをめぐる環境の急激な変化などに伴って，情緒的な問題も複雑化しているため，現在の概念としては，やや広めに考えて，心理的，精神的な問題を抱え，家庭，学校，地域等で不適応を起こしている児童全般[4]が入るものだと考えられている。

最近は，先述のように，児童虐待の件数が大幅に増加しているが，虐待を受けたことで，深い心の傷，すなわち心的外傷を負うこととなり，そのために，引きこもりや非行傾向等のさまざまな不適応行動が生じていることも多いことがわかってきた（西澤，1999）。そのような子どもたちに対しては，施設に入所後に治療的なかかわりを行っていくことが重要であり，その体制を整えた施設としての期待も大きくなっている。最近の全国の情短施設におけ

注意欠陥多動性障害

注意の集中が困難な「不注意」，落ち着きがなく動き回ったりする「多動性」，行動の抑制ができない「衝動性」といった3つの症状から成り立つ障害であり，いわゆる「落ち着きのない子ども」を指す。英語では，ADHD（Attention Deficit Hyperactivity Disorder）と呼ぶ。

学習障害

「基本的には全般的な知的発達に遅れはないが，聞く，話す，読む，書く，計算する又は推論する能力のうち特定のものの習得と使用に著しい困難を示す様々な状態」のことである。とくに知的な遅れはないのに，たとえば計算ができない，本が読めないなどによって，学習につまずきやすい子どものことなどを指す（教育上の定義）。英語では，LD（Learning Disability）と呼ぶ。

1　設置されたのは昭和36（1961）年の児童福祉法における一部改正の際のことである（一番最初の施設が開設したのは，その翌年）。また，当初は早期ケアの理念を特に重視したことから，対象児を「おおむね12歳未満」としていた（その後，平成9年の児童福祉法改正の際に年齢制限の規定は削除された）。その背景には，年少児童の非行や不登校の問題が顕在化しはじめたことがあった。しかしながら，その後，施設の設置はあまり進まず，昭和63（1988）年の時点で，全国でわずか13ヶ所であった。平成に入ると，児童虐待問題等への対応の問題などから，この施設が重視されるようになって徐々に設置が進み始め，平成13（2001）年以降は，おおむね毎年複数の施設が開設されている。平成22（2010）年現在の設置箇所は全国で37ヶ所となっている。もちろん，それでも未設置の都県が多数あることとなる。
2　児童虐待に関しては，大きな社会問題のひとつとなっており，平成12（2000）年に「児童虐待の防止等に関する法律」が成立し，法的に虐待の定義も明確になるとともに，通告義務などが盛り込まれた。その後も，3年を目処に法律の一部改正が行われている。また，全国の児童相談所における処理件数をみると平成2（1990）年度には1,101件であったものが，平成22（2010）年度には55,154件になるなど大幅に増加している。
3　平成16（2004）年に成立した「発達障害者支援法」では，発達障害を「自閉症，アスペルガー症候群その他の広汎性発達障害，学習障害，注意欠陥多動性障害その他これに類する脳機能の障害であってその症状が通常低年齢において発現するもの」としている。ここでいう自閉症などの障害は，知的障害などとは違い，判別が困難であったため，この法律ができるまでは，障害として認められていなかった面がある。これらの障害は知的障害や肢体不自由などの障害と区別して，一般に「軽度発達障害」と呼ばれた。その基本的な原因については，育て方などの環境的な要因ではなく，脳機能の障害と捉えることが大事である。なお，平成19（2007）年度からは学校教育においても，特別支援教育という考え方のもと，発達障害をもつ子どもに対する支援も開始されるなど，その対応が非常に重要になってきている。
4　情緒障害とは，本文中で示したように，基本的には，情緒の「一時的な混乱」という意味で理解する必要がある。これは，もともと，英語の"emotional disturbance"を訳したものであることに由来する。この"disturbance"とは，本来は「一時的な妨げ，混乱」といった意味であって，精神障害などという場合に使う恒久的な意味をもつ「障害」＝"disorder"とは異なるものである。情緒障害に該当する不適応行動としては，①不登校，緘黙，引きこもり等の非社会的問題行動，②反抗，怠学，金品持ち出し等の軽度の反社会的問題行動，③どもり，夜尿，チック，爪噛み等の神経性習癖，④その他の問題行動の4つの類型に分けられる。ただし，以上の情緒障害に該当する不適応行動と行動面において類似する場合があっても，脳器質障害，精神疾患，そして知的障害などを主因として不適応行動が生じている場合は含まれない。

る入所児童の内訳をみると、被虐待児の割合が6割を超えている状況（施設によっては、8～9割）である（全国情緒障害児短期治療施設協議会、2002）。また、注意欠陥多動性障害などの発達障害を抱えているが、その障害に応じた適切な対応がなされない、たとえば、落ち着きがないことを、たびたび強く叱責されたため、自尊心が極端に低下して、二次的なものとして不登校などの情緒的な問題を起こし、入所に至った子どもたちも少なくはない。

(3) 保育内容

1) 設備と運営

情短施設には、児童指導員や保育士といった日常生活をともにする職員とともに、心理療法士（セラピスト）、児童精神科医師、看護師などが配置されており、生活面での治療的なかかわりのみならず、心理治療および医学的な治療が実施されることとなる。そのため、カウンセリング室、箱庭療法室などの心理治療に関する設備がある。また、施設によっては、ケースワーカーが配置されているところもあり、家族関係の調整も行われる[5]。その一環として、施設内に親子で泊まれる家族宿泊棟が設置されている場合もある。さらに、教育面においても、少人数で個別的なかかわりを行うために、施設内に小学校や中学校等の分級・分校が設置されている場合も多い。この場合には、施設内にある学校に登校することとなり、教育を受ける権利も保障されている。このように、福祉分野における心理治療と生活指導、医学治療、ケースワークに加えて、教育分野までもが密接に連携することで、総合的な治療環境をつくり出し、トータルなケアを実施していくものである。なお、通所については、一部の施設においてのみ実施されている。

2) 治療・指導の実際

ここでは、家庭での虐待を受けて、不登校状態となっていたA君（小学4年生）の事例をもとに、治療・指導の実際について述べていくこととする（ただし、これは複数の事例を組み合わせた架空の事例である）。

① A君のプロフィール

A君の家庭は、実の父親と継母、異母弟の4人暮らし。幼児期に、実の母親とは離婚のために別離している。その頃には母親は育児ノイローゼとなり、A君はほとんど放任されて、十分な愛着関係を結ぶことができない状態であった。その後、新しい母親（継母）と同居するようになるが、父親は仕事に忙しく、養育は継母にまかせっきりである。一方、継母は以前の母親とは違って、しつけにとても厳しく、体罰を加えることも度々あるうえ、子どもの甘えを受容することもない。A君は、家庭内では親の顔色をうかがいながら常に気を遣って生活していたが、だんだんと元気がなくなり、小学3年生くらいからは、学校を休むことが多くなってしまう。また、時々夜間に家を出て徘徊することもみられるようになってきた。A君は、何事にも自信がなく、学力的にもかなり遅れている。また、普段はおとなしいのだが、時折、些細なことでカッとなり、パニック状態になってしまうこともあった。

高機能自閉症
自閉症（広汎性発達障害ともいう）の症状である。他者との間で楽しみを共有することができないといった「かかわりの障害」、特定のものに対する興味のこだわりや偏りなどの「こだわりの障害」、ことばの社会的使用に困難を伴う「コミュニケーションの障害」をもち、かつ知能が高い場合をいう。特に、言語能力に関する遅れがみられない場合に「アスペルガー症候群」と呼ぶことがあるが、知的能力には遅れがないので、高機能自閉症の一群でもある。

心的外傷
突然の大災害（地震、津波など）に遭遇する、犯罪の目撃者・被害者となる、児童虐待の被害にあうなど、その人の対処能力を超えてしまうような境遇に陥ってしまうと、自分の力では癒すことができない、また、専門家による適切な手当が必要となるような深い心の傷が生じてしまう。「トラウマ」ということもある。

箱庭療法
砂を入れた小さな小箱のなかに、種々のミニチュアの玩具（人形、動物、樹木、乗り物など）で思いのままに作品を作らせて、心の問題を解決しようとする心理療法のひとつの種類のこと。

ケースワーカー
社会生活のなかで困難や問題を抱えている人に対して、社会福祉の立場から、個別の事情に応じて社会との関係を調整支援していく専門職のことである。

愛着関係
人生の初期に、母親などの特定の人と結ぶ情緒的な絆のこと。この関係の成立がその後の人格の発達に大きな影響を及ぼすと考えられている。

---

[5] ケースワーカーが配置されている施設はまだ多くはないが、虐待は家族システム全体における問題であることを考えると、家族関係の調整、家族への支援が重要だといえる。今後の施設整備における大きな課題のひとつでもある。

②見立てと基本的な方針

　このケースでは、問題行動の背景には、虐待の問題があり、その点に対するケアを中心に考えながら、親子双方に対応していくことが重要となる。A君は、幼少期にネグレクト状態となっていたため、基本的な愛着関係ができていない状態である。このため、信頼関係に基づいた人間関係をとることが苦手であり、不安感も高いと考えられる。そのため、安全で、安心できる環境のなかで、本来は、幼児や小学校低学年児童に対するように、しっかりと甘えを受け止めていくことが重要であり、生活場面では、保育士や児童指導員によって受容的なかかわりがなされていくこととなる。また、時折パニック状態を起こすこともある。これは、虐待を受けてきたなかで、感情を押さえ込むことが多く、感情をうまく調節することができないためだと考えられる。生活場面でパニック状態に陥ったときは、危険行為は即座に止めさせるようにしたうえで、その後、気持ちが落ち着いてからは、A君の話をよく聞きながら、気持ちをことばにしていく練習をしていくこととなる。さらに、規則正しい生活を保証してやることで、心と体のリズムを回復させていく。心理治療場面では、心理療法士は、週に1回、約50分程度の心理面接の時間を定期的に設定し、A君との間に基本的な信頼関係をつくっていく。それとともに、A君が安全感、安心感を抱いていくと、虐待の再現が表出されてくるので、その再現をしっかり受け止めつつ、それに伴う感情を解放し、過去の出来事として、A君なりの心の整理をつけさせていくこととなる。学校教育場面では、分校制度を敷いているため、敷地内の学校に登校することになる。クラスは、1クラス（5, 6年生の複式クラス）に6, 7名の児童と少人数になっており、また、教員も担任の他に、T.T.（ティームティーチング）の先生が配置されているなど、かなり手厚い体制をとっている。このようななかで、学力面では、子どものレベルに応じた個別的な対応を行い、自信をつけさせていく。また、医療面では、児童精神科医師による診察を定期的に入れていく。このケースでは、A君の不安の高さが目立つので、医師の診断では抗不安剤の服薬も必要となった。なお、器質的な問題（たとえば、脳波に異常がないか等）の有無も確認しておく。さらに、親への援助として、月に1回程度、ケースワーカーと心理療法士により、親面接も行われる。虐待には世代間連鎖の問題があり、親自身も虐待を受けて育ったことも多く、子育てにそれが反映してしまうことも多く見受けられる。このような場合は、まず、親を責めるという姿勢は控えて、援助をしていくという姿勢で対応していくことが必要である。受容的に面接を行うなかで、親自身の考え方や気持ちを表出させて、親自身が、自分の子育ての問題点に気づいていくことが重要になる。あわせて、指導や助言も行っていくこととなる。

　このように、各分野ごとに専門的な対応をしつつ、さらに、チームワークを発揮して、総合的な治療環境のなかでトータルケアを行っていくこととなる。そのために、入所後あるいは退所前等の一定時期に、各職種の担当者が出席するケース検討会や関係機関もふくめた処遇会議等を実施する他、適宜コンサルテーションを行って連携を深めていくものである。

③実際の処遇の経過

　A君は入所後、まったく元気がなく、自分の居室に引きこもりがちであった。なんとか分校には登校するものの、下校するととても疲れきった様子

T.T.（ティームティーチング）
　複数の教師がチームを組んで、それぞれの教師の特性を活かしながら各種の教育技法を柔軟に活用して行う教授方法のことである。

コンサルテーション
　他分野の専門職との間で行う相談、協議、あるいは指導のことを指す。これに対して、同じ専門職どうしでの助言指導や教育訓練のことは、「スーパービジョン」という。

をみせていた。その一方，対人関係のとり方がまずく，些細なことでトラブルを起こし，パニックを起こすこともあった。また，素直に気持ちを出したり，甘えたりすることもできなかった。そこで，生活面では，無理をさせず，受容的に対応し，甘えをしっかりと受け止めていくこととした。就寝時には，添い寝をしてやるような対応も取り入れられた。パニック行動を起こしてしまった際には，そのつど対応し，落ちついてから，気持ちをじっくりと言語化させるとともに，望ましい行動への置き換えを考えていった。そのような対応をしていくうちに，だんだんと明るくなって元気を取り戻し，行動も活発になってきた。また，イライラして，パニックを起こすことも少なくなり，気持ちをことばにすることによってコントロールできるようになってきた。学校では，学力の遅れに対応するため，A君に適した小学2～3年生レベルの教材を用いて学習を進めていき，「わかる」，「できる」という体験を多くさせて達成感を経験させていく。あわせて，しっかりと認め，誉めていった。それらによって，だんだんと自信を回復し，自尊心の高まりが認められるようになってきた。心理治療では，徐々に心理療法士との信頼関係ができて，安心感を抱くようになると，いくぶん退行現象もみられるようになってきたが，それを受容していくと，虐待を受けたときのつらい気持ちを話すようになるなど，感情の言語化が進んできた。つらい気持ちを繰り返し語り，時には泣き出すこともあったが，それをありのまま受け入れてもらうという経験をすると，A君は自分なりに気持ちの整理をつけていくことができるようになった。当初，医師の処方により抗不安薬の服用もしていたが，半年後には不安もかなり低減して，それも不要となった。また，医学検査では器質的な問題は認められなかった。そして，親への面接も，心理療法士やケースワーカーが中心になって行い，進んでいくなかで，親自身も自分の感情や行動を振り返ることができて，子どもとの対話を進めていく必要があることに気づくようになっていった。数回の自宅への外泊帰省を試みた後，入所より，約2年後に退所の時を迎えることとなった。その後は，児童相談所と連携しつつ，継続的にアフターケア（家庭訪問等）も実施された。

(4) 今後の課題

　児童虐待によって，施設入所となった子どもたちに対する心のケアの重要性が一段と高まっている現在，治療的なケアが可能な体制を整えた児童福祉施設である情短施設への期待は大きくなっている。しかしながら，心の傷を負った子どもたちが示すかなり深刻な情緒・行動上の問題に対応するだけのハード・ソフト両面での体制は十分とはいえない状況にある。とくに，人的配置は不足しており，職員の疲労は極限に達している面がある。今後は，配置基準の大幅な見直しが必要である。処遇における高い専門性を確保・維持していくことも非常に重要であり，そのための研修体制の確立なども必須である。また，早期対応の視点からは，幼児の入所も求められる（全国情緒障害児短期治療施設協議会, 2002）。さらに，全国で情短施設の設置が進んではいるものの，そのニーズに比べると，まだまだ設置数は少なく，被虐待児などの心に傷を抱えた子どもたちに対する心のケアが十分に行われているとはいい難い状況である。とくに未設置の地域における整備の促進が大きな課題となっている。

> **学習課題**
> 1. 情緒障害短期治療施設の設置の目的や対象（情緒障害児）についてまとめてみよう。とくに，最近の児童虐待問題などと関連づけて考えてみよう。
> 2. 施設の設備や運営についてまとめてみよう。とくに，どのような職種の職員がおり，どういった役割を担っているのかをまとめておこう。
> 3. 施設における治療・援助の全体の流れとともに，子どもにかかわっていく際の重要な部分（たとえば，安全感・安心感への配慮，自尊心を高めるかかわり，パニック行動への対応など）について具体的に理解して，実践につながるようにまとめてみよう。

引用文献

西澤　哲　1999　トラウマの臨床心理学　金剛出版
全国情緒障害児短期治療施設協議会（編）　2002　心をはぐくむⅢ—総合環境療法の臨床　全国情緒障害児短期治療施設協議会

参考文献

安部計彦　2001　ストップ・ザ・児童虐待—発見後の援助　ぎょうせい
藤岡淳子　2001　非行の背景としての虐待　臨床心理学, **1**(6), 771-776.
Gil, E.　1991　*The healing power of play: Working with abused children.* New York: Guilford.（西澤　哲（訳）　1997　虐待を受けた子どものプレイセラピー　誠信書房）
増沢　高　2001　早期の心理的発達に障害を受けた子どもの入所治療　心理臨床学研究, **18**(6), 569-580.
村瀬嘉代子　2001　児童虐待への臨床心理学的援助—個別的にして多面的アプローチ　臨床心理学, **1**(6), 711-717.
西澤　哲　2001　子どもの虐待への心理的援助の課題と展開　臨床心理学, **1**(6), 738-744.
大迫秀樹　2001　児童福祉施設に対する支援　岡田隆介（編）　児童虐待と児童相談所　金剛出版　pp. 94-101.
大迫秀樹　2004　情緒障害児短期治療施設における幼児への治療的なケアの動向と今後の課題　心理治療と治療教育　全国情緒障害児短期治療施設協議会（編）　全国情緒障害児短期治療施設研究紀要　pp. 44-49.
Redle, F. & Wineman, D.　1957　*The aggressive child.* Glencoe: Free Press.（大野愛子・田中幸子（訳）　1975　憎しみの子ら　全国社会福祉協議会）
Trieschman, A., Whittaker, J., & Brendtro, L.　1969　*The Other 23 Hours: Child-care work with emotionally disturbed children in a therapeutic milieu.* New York: Aldine.（西澤　哲（訳）　1992　生活の中の治療—子どもと暮らすチャイルドケアワーカーのために　中央法規出版）

児童福祉施設における心理的ケア

　近年，児童虐待や発達障害の問題に注目が集まるようになってきた。これは，子どもの情緒面をふくむさまざまな問題行動の背景に，虐待や障害の問題がある場合も少なくはないことがわかってきたためである。それに伴って，児童福祉施設においても，そのような問題を抱えた子どもたちが数多く入所していることから，十分に理解し，適切な対応をしていくことが必要不可欠になってきている。とくに，入所児の場合は，周囲からの不適切な対応の積み重ねによって，深い

心の傷を負っている場合も多いことから，いかにして心理的なケアをもふくめた対応を行っていけばよいのかといったことが，現場での非常に大きな課題となっている。
　しかしながら，現実には，このような対応が確立されているとはいい難い。児童福祉施設には，乳児院，児童養護施設，情緒障害児短期治療施設，児童自立支援施設等々，数多くの種類があるが，実は常勤の心理担当職員が法律上規定されている施設は，本章で紹介した情緒障害児短期治療施設のみであり，入所児に対する心理的なケアは不十分な状況であった。このため，国（厚生労働省）は，平成11（1999）年度より，被虐待児が10名以上入所している児童養護施設には，心理職員1名を配置できるとの通知を出して，対応の充実をはかることになった。その後，最近では多くの乳児院，児童養護施設に心理職員が配置されるようになってきた。また，児童自立支援施設に心理職員が配置されているところも増えてきている。ただし，入所児の数に比べると，その配置人数は，まだ十分とはいえない状況である。
　さて，心理的ケアの具体的な内容については，本文中で事例を通じて述べてきたが，もう少し整理してみよう。この問題を考える場合には，その内容を大きく2つに分けて考えていく必要がある。1つは，児童と個別に一対一で行っていく遊びを媒体とした遊戯療法やカウンセリング等の個別の心理療法のことである。たとえば，虐待を受けた子どもは，非常に深い心の傷（心的外傷）を背負っていることがあり，それが原因となって落ち着きがない，無気力になるなどといった症状が表われ，さらにさまざまな問題行動に至っているケースが多い。その場合，その心の傷に焦点を当てて，安全で安心できる環境（カウンセリングルームなど）で，継続的（週1回50分間など）に，丁寧に手当をして，感情を解放し，傷を癒していく作業を行う必要がある。このような作業は，生活場面とはやや距離をおいて，専門の心理職員が個別に行っていく必要があり，心理的ケアにおける重要な要素のひとつである。
　もう1つは，生活場面における治療的なかかわりである。たとえば，虐待を受けた子どもは，暴力によって感情を抑えつけられる経験が多かったために，自分の力で感情のコントロールをする力を身につけることができておらず，些細なことをきっかけにパニック状態となって，大暴れするということがよくみられる。このようなことは，実は，カウンセリングルームの場面で起こるというよりは，日常の生活場面で起こることが多い。このため，このような背景をよく理解し，たとえば，一定限度のところでは問題行動を制限しつつも，同時に気持ちをことばに出して表していくような対応をそのつど行っていくことが重要である。生活場面を治療的に活用するという考え方のことを，環境療法，あるいは治療的養育ともいう。そして，この役目を直接に担うのは，生活を支援する保育士や児童指導員ということになる。このため，心理職員だけではなく，このような職種の職員にも子どもたちに対する心理的なケアを行っていく役割があるということを十分に理解しておく必要がある。もちろん，その際には，心理職員と相互に情報を交換し，個別の心理療法との統合も考えながら，お互いの知恵を出しあいつつ対応を考えていく必要がある。
　児童福祉施設には多くの職種の職員がいるが，そのなかでも生活を支援する保育士や児童指導員は人数が多く中心的な存在である。これまでは主として，生活を援助していくという考え方であった。もちろんそのことは，今後も引き続いて変わることはないが，同時に，生活を援助しつつも，子どもの心理を理解し，それに応じた適切な支援，つまり心理的ケアを行っていくということが求められているのである。そのためには，心のケアにおける高度な専門性を身につけたり，他職種との連携を上手にとったりするという能力などが必要であるので，このようなことについても今後しっかりと学んでいくことが求められる。

2. 児童自立支援施設

(1) はじめに

児童自立支援施設の多くは明治末期までに創設され，今日まで100年近くの歴史を有している。その名称は，感化院から少年教護院，敗戦後の教護院，そして児童自立支援施設と移り変わってきた。とくに，明治33（1900）年「感化法」公布前に，児童自立支援施設の前身がすでに創設されていたことが注目される。同17（1884）年池上雪枝の神導祈祷所，同18（1885）年高瀬眞卿の私立予備感化院などがそれである。そのなかでも，同32（1899）年留岡幸助の創設した家庭学校は現在の児童自立支援施設の原型といわれている。いってみれば，そこに福祉の原点を見出すことができる。

(2) 目　的

児童自立支援施設は，窃盗や家出などの問題行動（非行）を行った，あるいは行うおそれのある子どもを入所させ，必要なケア（指導）を行い自立の支援をする。あわせて，家庭より通所させて必要なケアを行い，自立を支援する施設でもある（児童福祉法第44条）。

子どもの入所経路は，児童相談所（児童福祉法）による行政処分と，家庭裁判所（少年法）による保護処分の2通りがある。平成19（2007）年度の全国入所数の約74％は前者，残りの約26％は後者である。なお，入所の手続きとして前者は保護者の了解を必要とするが，後者は不要である。

(3) 対　象

平成19（2007）年4月現在，児童自立支援施設は全国に58施設ある。その内訳は国立2，都道府県立51，指定都市立4，民間2である。なお，児童自立支援施設は他の児童福祉施設と異なり，都道府県の必置施設となっている。

同19（2007）年11月1日現在，全国に在所している子どもは2,006名である。その内訳は，小学生182名，中学生1,486名，年長児（中卒以上）338名である。年長児のなかには，高等学校や職業訓練校などにも施設から通学している子どももいる。

同19（2007）年度に入所した子ども1,277名の主な問題行動は，窃盗301名，家出・浮浪・徘徊181名，暴力非行164名，性非行146名などである。ただし，子ども1名に主訴となる問題行動を1つあげているので，たとえば窃盗および暴力非行など，2つ以上行った子どもがほとんどである。そのうえある調査によれば，被虐待や発達障害などから不適応を起こし，問題行動に走った子どもなども多いようである。[6]

同年度に退所した子ども1,343名の在所期間は，1年以上2年未満が635名，1年未満が462名などである。期間として約1年半が大部分で，年齢的には中学2年時に入所して，同3年卒業時に退所する子どもが多いようである。

家庭学校

東京市巣鴨に創設された家庭学校は，大正3（1914）年に北海道遠軽町にその分校を設立した。戦後の昭和27（1952）年，分校は北海道家庭学校と改称し，現在に至っている。創設の柱である①基礎学力の附与，②農耕を主とする労作，③保健体育，④キリスト教による教育を受け継いでいる。

児童福祉法第44条

児童自立支援施設は，不良行為をなし，又はなすおそれのある児童及び家庭環境その他の環境上の理由により生活指導等を要する児童を入所させ，又は保護者の下から通わせて，個々の児童の状況に応じて必要な指導を行い，その自立を支援し，あわせて退所した者について相談その他の援助を行うことを目的とする施設とする。

---

[6] 全国児童自立支援施設協議会（2007）によれば，被虐待492名，知的障害116名，ADHD116名など特別なケアを要する子どもも入所している。

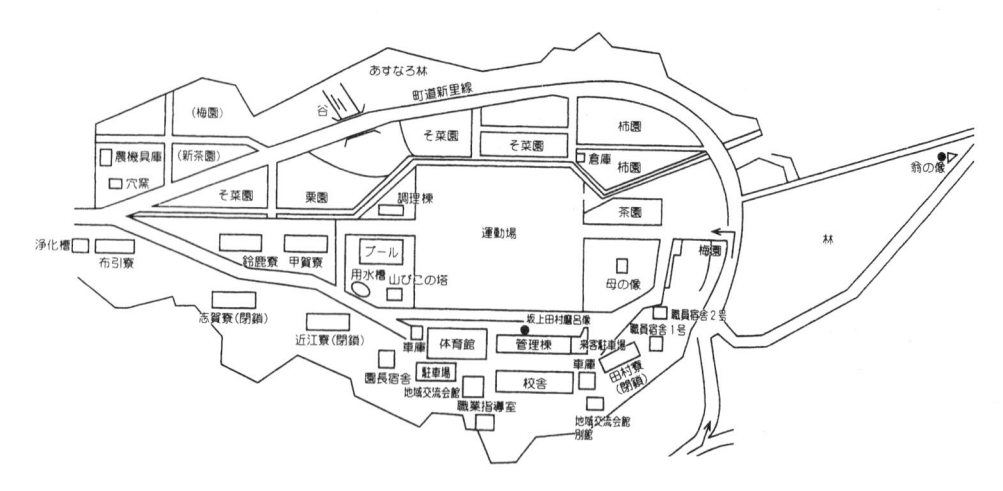

図 5-2 学園配置図 (滋賀県立淡海学園, 2003)

さらに，退所時での自立目標達成は約 82%，未達成は約 18% である。前者の内訳は，進学のため家庭復帰 408 名，復学のため家庭復帰 234 名，就職のため家庭復帰 218 名などである。後者の内訳は，家庭引き取り 116 名，家庭裁判所送致 54 名などである。この数字から，高校進学する子どもたちがかなりいることがわかる。一方で，未達成の家庭引き取りの多いことは，親による支援途中での強制的引き取りの多いことが推察される。

(4) ケア（支援）

児童自立支援施設のほとんどは，広々とした豊かな自然に恵まれている。その中に寮舎，学習棟，グランド，調理棟，農場などが点在している。職員は，子どもの集団相互作用を通じて基本的な生活習慣の確立，自立をめざす社会性の伸長などの集団援助（グループワーク）を行う。また，情緒の安定，自我の強化などの個別援助（ケースワーク）もあわせて行う。さらに，親などへのケア，児童相談所や出身学校などと連携して子どもの人間性の成長を図る。そのケア場面として，生活，学習，作業などがある。

(5) 生活指導

生活の場である寮舎には，その生活指導をする職員が 10 名前後の子どもたちと起居を共にしている。

寮舎の運営形態には，子どもの人数により小舎，中舎，大舎がある。さらに，担当職員が夫婦の場合，夫婦でない男女職員が担当する併立制，3～6 名の職員が交替で担当する交替制がある。全国での 2 つの組み合わせの形態は，小舎夫婦制 19 施設，小舎交替制 15 施設，中舎交替制 9 施設などである。かつては全国の児童自立支援施設の多くが小舎夫婦制だったが，現在は約半数となっている。

いずれの形態であっても，担当職員が子どもたちと起居を共にする疑似家庭の形をとるのは，家庭的な雰囲気や温かい人間関係を大切にする配慮からである。たとえば，職員が子どもと一緒に食事をしたり，入浴をしたりする。さらに，子どもとおやつを調理することもある。また，犬などの動物を飼っ

小舎，中舎，大舎
小舎は子ども 15 名以下，中舎は 16～25 名，大舎は 26 名以上。

表 5-1 日課表（大阪市立阿武山学園）(大阪市立阿武山学園, 2002)

時間	6:50〜8:40	9:00〜12:20	12:50〜13:30	13:40〜15:20	16:00〜	18:30〜	22:00〜
活動	起床 清掃 朝食	学習	昼食 休養	作業	クラブ活動 余暇	夕食 入浴 自習	就寝

たりもしている。元来，児童自立支援施設では「子どもと共に」ということを大事にしてきた。

こういった家庭的な寮舎形態をとるのも，子どもの問題行動の背景にある家庭的な不幸せ（両親の離婚や不和，親からの暴力や虐待，親子のふれあいの薄さなど）に着目するからである。たとえば，子ども208名の保護者の状況は実父母63名で，それ以外145名はひとり親家庭などで70％弱も占めている。そのうち母子家庭が30％強もいる。[7]

次に，日常生活で子どもと直接かかわる職員の中に，保育士などの資格をもつ女子職員が必ず配置されている。女子職員は男子職員と協力しあって，衣食住などの生活全般の指導，基本的生活習慣のしつけ指導，発達段階での信頼関係の修復・育成などを担っている。なお，法律では職員として児童自立支援専門員と児童生活支援員とが規定されている。その支援員は保育士の資格を有する者とされ，女子職員があてられ，一般的には寮母と呼ばれている。

(6) 学習指導

子どもたちのほとんどが義務教育の学齢なので，小・中学校とほぼ同じ学科指導を受けている。児童養護施設の子どもたちは近くの小・中学校に通学しているが，児童自立支援施設の子どもたちは，施設内の教室棟で学習をしている。

学科指導の形態には，その指導者が主として施設職員の場合と，小・中学校の分校・分教室の教員の場合の2通りである。平成19（2007）年4月現在全国では，前者が23施設，後者が37施設である。前者の場合，教員免許を有しない職員が指導したり，教育備品の不足など学校教育法に触れることがある。なお，平成9（1997）年の児童福祉法一部改正により，施設内に分校・分教室が設置されることになった。

子どもたちの学習面での特徴は，知的能力はそれほど低くないのに学校の成績が悪い子が多いことである。たとえば，近畿教護院協議会が行った子どもの出身学校の指導要録の写しからの調査によれば，国語および算数・数学の2教科とも評定下（1，2）が約90％である。また，花島（1994）は「最大で8年，最小で1年，平均して3.1年の学力の遅れがある」と，さらに「能力の問題ではなく，能力はありながら学力が伸びなかった学力遅滞の問題である」と述べている。

児童自立支援施設の1学級の子どもの数は，通常の小・中学校と異なり，5〜10名ぐらいである。子ども一人ひとりの学力に応じた個人指導が中心だ

---

[7] 佐賀県立虹の松原学園の平成13年度および滋賀県立淡海学園の平成14年度，15年度の統計を合計したもの。

表 5-2　年間行事（授業日実施分）（滋賀県立淡海学園, 2003）

月	行　事（時　間）
4	始業式 1　身体測定 1　全校集会 2　花見会 1　図書館利用 1　生徒会長選挙 1　生徒会委員会 1　避難訓練 1　生徒総会 1　遠足 6
5	生徒会委員会 1　健康診断検査 1　母の日集会 4　茶摘み 4　図書館利用 1　体力テスト 3　写生会 6　委員会主催行事 2
6	お茶学習 1　中間テスト 5　スポーツ会 2　招待レクリエーション 6　図書館利用 1　生徒会委員会 1　プール掃除 2　プール開き 1　委員会主催行事 2　フィールドワーク 6
7	近畿野球大会（中学男子 6）　生徒会委員会 1　期末テスト 5　スポーツ会 2　お茶学習 2　委員会主催行事 2　大掃除 1　終業式 1
8	
9	始業式 1　水泳記録会 2　生徒会委員会 1　図書館利用 1　本校体育祭 6　学園運動会 6　写生会 6
10	修学旅行（小学 6 年生：一泊二日　中学 3 年生：二泊三日　以外ミニ校外学習 6）　体力テスト 3　生徒会委員会 1　委員会主催行事 2　図書館利用 1　生徒総会 1　近畿バレーボール大会（中学女子 6）　中間テスト 5　スポーツ会 2　生徒会長選挙 1
11	生徒会委員会 1　生徒総会 1　図書館利用 1　学園祭 6
12	土山町演劇鑑賞会 3　近畿駅伝大会 6　生徒会委員会 1　チャリティコンサート（小学生 4）　避難訓練 1　期末テスト 5　スポーツ会 2　人権学習 4　大掃除 2　学級主催行事 2　校外学習 6　終業式 1
1	始業式 1　生徒会委員会 1　図書館利用 1　本部主催行事（カルタ会 2）　学級主催行事 2　近畿卓球大会 6
2	図書館利用 1　スキー教室 6　生徒会委員会 2　学級主催行事 2　創立記念祭 4
3	スケート教室 4　期末テスト 5　スポーツ会 2　生徒総会 1　卒業式 2　卒業生を送る会 2　在校生お楽しみ会 3　大掃除 2　終業式 1

からである。子どもたちの多くは「100点取れた！」とか「問題が解けた！」など，学習の楽しさや達成感を初めて覚えるようである。ある程度の能力のある子どもにとって，学習意欲の高まり，目標の達成，さらに指導者との良好な人間関係の樹立などが生じれば，学力の向上が期待できるようである。

(7) 作業指導

児童自立支援施設では，伝統的に作業教育を大切にしている。近年，学校教育を受ける権利の保障，学科指導での人間教育の再評価，そして高校進学の増加などにより，学科指導にあてる時間が多くなっている。しかし，現在でも多くの施設が農業をはじめ，木工，陶芸などの作業教育を行っている。

生活と同様，作業でも職員は子どもと一緒に田畑を耕し，種をまいたりなど共に汗を流している。もちろん，収穫したものが献立に出たり，今まで味わえなかった喜びを得るようである。時には，帰省のおみやげとして持参することもある。

作業教育を通じて，忍耐力などの精神力を強めたり，子どもどうしの協働のなかでその目的を成し遂げる充足感を得たり，職員との一体化から影響を受けたり，栽培や収穫の喜びを実感するなど人間性の成長が図られている。

(8) 関係機関との連携

まず，入所に携わっている児童相談所とは定期的な連絡会，ケース会議の開催，施設の運動会，文化祭などの行事に参加してもらっている。また，家庭訪問をして家族へのケアもしてもらっている。

次に，出身小・中学校には，子どもを激励してもらったり，進路の相談などにものってもらっている。最近は，定期的な連絡会も開いている。さらに，福祉事務所，家庭裁判所，医療機関などとも協力しあっている。

(9) 今後の課題
ここでは今後の課題として，以下の5項目をあげる。
①教育の充実へ
　全国のすべての児童自立支援施設が分校・分教室を設置し，さらに内容の充実が必須である。
②生活の保障を
　子どものプライバシーの保護や今までの生活で大切にしてきたことが継続できるようにするなど，生活環境をより整える必要がある。現在の「児童福祉施設最低基準」は，かなり低い水準でおさえられているので，改訂が急務である。
③子どもの参画を
　生活やケアなどに自治会や子どもの意見などを反映させていくことが重要である。
④権利擁護の推進を
　入所前に子どもやその保護者へ，施設の生活，ケア，教育などについての情報を十分に提示する。さらに，苦情を受け付ける窓口のあることやその解決の方法，さらには退所の手続きなどもきちんと説明する。
⑤特別なケアの導入へ
　被虐待でひどく心の傷ついた子どもや，その他の特別な配慮を要する発達障害の子どもの入所が増えているので，さらなる心理面や精神医学の個別のケアが望まれる。

(10) おわりに
今後の児童自立支援施設は，問題行動を抱えた子どもたちやその保護者たちにどれだけ利用されるかが大きな鍵となる。そのためには，どんな施設か，その生活や学科指導はどのようなものか，そのケアなどの情報を積極的に提供すべきである。さらに，児童相談所，福祉事務所，小・中学校，そして家庭裁判所などその他関係機関とどう連携を進めていくかが重要になってくる。

学習課題
1. 児童自立支援施設の法的根拠を調べてみよう。さらに，児童養護施設や情緒障害児短期治療施設との違いも調べてみよう。
2. 近くの児童自立支援施設を訪問して，レポートを書こう。
3. いわゆる非行少年の教育施設として，児童自立支援施設と少年院がある。その違いを調べてみよう。

引用文献
花島政三郎　1994　教護院の子どもたち　ミネルヴァ書房
大阪市立阿武山学園　2002　阿武山学園の概要

滋賀県立淡海学園　2002, 2003　淡海, **31**, **32**.
全国児童自立支援施設協議会　2007　運営実態調査

参考文献
児童福祉法　第 27 条第 1 項第 3 号, 第 27 条第 4 項, 第 44 条
児童福祉法施行令　第 36 条第 1 項
児童福祉施設最低基準　第 82 条, 第 83 条
守屋克彦　1997　少年非行と教育　勁草書房
佐賀県立虹の松原学園　2001　年報, **18**.
少年法　第 24 第 1 項第 2 号
廣渡　修　1990　教護院の現状と課題　家庭裁判月報, **42**(5).
平成 19 年度全国児童自立支援施設長会議資料

こんなお母さんになりたい〈中学 3 年　女子〉

　私は，将来子どもが出きて，お母さんになったら，子供に暴力をふるわず親子仲良く，子供をみすてず，子供を守り，子供は子供の人生があるから，子供の事を一番に考えて，ちょっとは自由に，生活させてあげたいです。それは，私の家は，父親と兄 2 人と 4 人で暮らしています。母親は，私が小学校 2 年生のとき，家を出て行きました。（中略）でも，そのとき思った事は，「捨てられて，みすてられた」って思い，それからずっと，そう思っています。その日からお母さんからは，ぜんぜん連絡はありません。それから，私達は，4 人で暮らす生活になり，私達の家がちょっとずつ変わって行き，私は，まだ小学校 2 年生やのに，家のそうじとか，手伝う事になりました。でも，私は，せいいっぱいがんばってやってたから，ときどき休憩がほしくて，言われた事をしなかったら，暴力をふるわれるようになりました。それから私が，大きくなるにつれて暴力がひどくなってきて，ぜったいお母さんの事許さへん，ずっとうらんだるって思いました。それから私は，悪い事をするようになりました。（後略）

　　　　　　　　　　　　　　　（母の日文集　平成 10 年度　滋賀県立淡海学園　8 〜 9 頁）

6 児童の健全育成のための施設養護

1. 保育所

(1) 目的と機能

　保育所は,「日日保護者の委託を受けて,保育に欠けるその乳幼児の保育を行い,その健全な心身の発達を図る児童福祉施設」(児童福祉法第39条)である。母親の就労が一般化している今日では,仕事と子育ての両立を支援する保育所の役割は大きくなっている。また,とくに必要があるときは,保育に欠けるその他の児童を保育することができると定められている。

　保育所は,保護者の労働や病気などの理由で,日中家庭での養育が受けられない乳幼児を保育する施設であり,市町村は,保育に欠けると認められる児童を,保育所に入所措置させなければならないことになっている。「保育に欠ける」と認める保育所入所措置基準は,保護者のいずれもが次にあげる項目のいずれかに該当し,かつ同居の親族などもその児童を保育できない場合である。

　①昼間労働することを常態としていること。
　②妊娠中か出産後間がないこと。
　③病気もしくは負傷しているか,障害を有していること。
　④同居の親族を常時介護していること。
　⑤災害の復旧に当たっていること。
　⑥前各号に類する状態にあること。

(2) 保育の目標と内容の概要

　保育所保育指針（平成19年12月厚生労働省雇用均等・児童家庭局）に,「子どもは豊かに伸びていく可能性をそのうちに秘めている。その子どもが,現在を最もよく生き,望ましい未来をつくり出す力の基礎を培うことが保育の目標である」と保育の目標が示されている。そして,さらに具体的な保育目標として,次の6事項が示されている。

　（ア）十分に養護の行き届いた環境の下に,くつろいだ雰囲気の中で子どもの様々な欲求を満たし,生命の保持及び情緒の安定を図ること。
　（イ）健康,安全など生活に必要な基本的な習慣や態度を養い,心身の健康の基礎を培うこと。
　（ウ）人との関わりの中で,人に対する愛情と信頼感,そして人権を大切に

する心を育てるとともに，自主，自立及び協調の態度を養い，道徳性の芽生えを培うこと。
　（エ）生命，自然及社会の事象についての興味や関心を育て，それらに対する豊かな心情や思考力の芽生えを培うこと。
　（オ）生活の中で，言葉への興味や関心を育て，話したり，聞いたり，相手の話を理解しようとするなど，言葉の豊かさを養うこと。
　（カ）様々な体験を通して，豊かな感性や表現力を育み，創造性の芽生えを培うこと。
　保育の環境には，保育士や子どもなどの人的環境，施設や遊具などの物的環境，さらには，自然や社会の事象などがある。そして，人，物，場が相互に関連しあって，子どもにひとつの環境状況をつくりだす。
　こうした環境により，子どもの生活が安定し，活動が豊かなものとなるように，計画的に環境を構成し，工夫して保育することが大切である。保育園に人工の森や池，小山をつくり，できるだけ自然に触れる体験をさせるビオトープ（Bio Top）もそのひとつである。

(3) 保育の内容

　保育の内容は，「ねらい」と「内容」から構成される。「ねらい」は，保育の目標をより具体化したものであり，子どもが保育所において安定した生活と充実した活動ができるようにするために，保育士が行わなければならない事項および子どもの自発的，主体的な活動を保育士が援助することにより，子どもが身につけることが望まれる心情，意欲，態度などを示した事項である。
　「内容」は，これらのねらいを達成するために，子どもの状況に応じて保育士が適切に行うべき基礎的な事項および保育士が援助する事項を子どもの発達の側面から示したものである。その具体的な内容は，心身の健康に関する領域である「健康」，人とのかかわりに関する領域である「人間関係」，身近な環境とのかかわりに関する領域である「環境」，言葉の獲得に関する領域である「言葉」，および感性と表現に関する領域である「表現」の5領域を設定している。

(4) 保育所の動向

　保育所数は，図6-1，表6-1に示されるように，施設数全体としては昭和59（1984）年までは増加傾向を示し，その後平成12（2000）年までは漸減している。そして，平成13（2001）年から平成19（2007）年までは漸増傾向を示している。しかし，公営保育所は年々減少し，それに対して民営保育所は年々増加傾向を示している。一方在所児童数については，昭和55（1980）年までは増加傾向，平成6（1994）年までは減少傾向を示した後，平成7（1995）年からは年々増加傾向を示している。待機児童数は減少傾向にあったが，平成20（2008）年から増加に転じた。平成21（2009）年も同じく増加しており，とくに0〜2歳児の待機児童数は待機児童数の80％を占めている。待機児童が解消されない理由としては，女性の就業率の上昇による保育需要の増大，都市部のマンション建設などによる急激な需要増に供給が追いつかない，人口の増加・流入に伴う就学前児童数の急激な増加等があげられる。生後3ヶ月から2歳児までの保育に欠ける幼児・児童を対象にした家庭的保育（保

図6-1 保育所の施設数, 在所児童数の推移（厚生労働省社会福祉施設等調査報告をもとに作成）

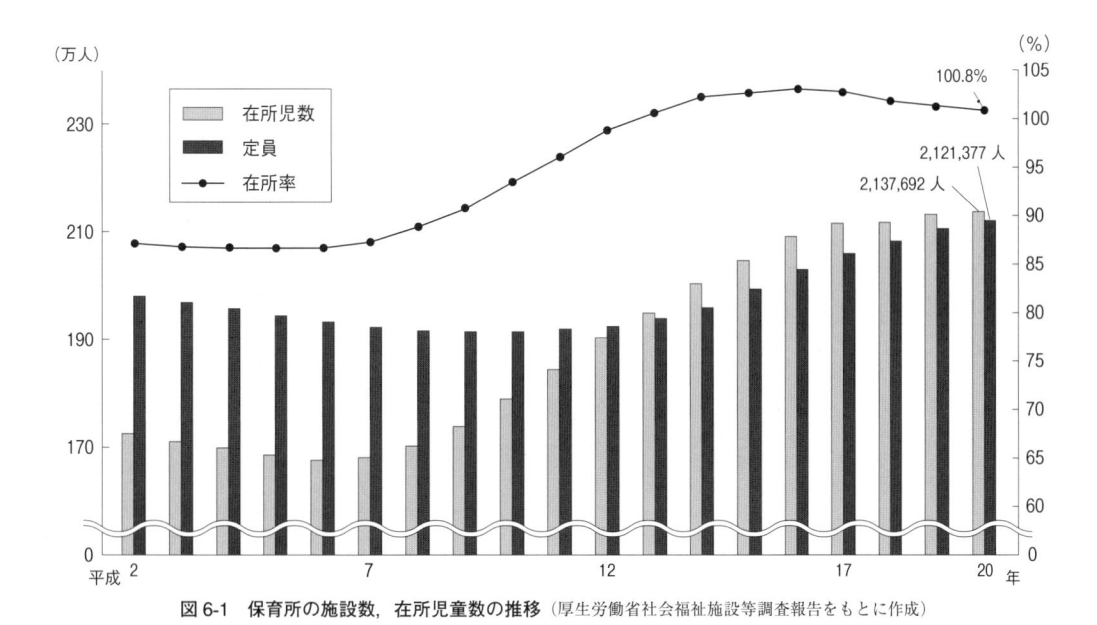

表6-1 経営主体別保育所の施設数, 在所児童数の推移（厚生労働省社会福祉施設等調査報告をもとに作成）

区分	施設数 公営	施設数 私営	施設数 計	在所児童数（人）	区分	施設数 公営	施設数 私営	施設数 計	在所児童数（人）
昭和25年	1,000	2,686	3,686	292,504	昭和63年	13,449	9,327	22,776	1,767,275
30	4,232	4,089	8,321	653,727	平成元年	13,412	9,325	22,737	1,745,296
35	5,571	4,211	9,782	689,242	2	13,371	9,332	22,703	1,723,775
40	6,907	4,292	11,199	829,740	3	13,331	9,337	22,668	1,709,148
45	8,684	5,417	14,101	1,131,361	4	13,307	9,328	22,635	1,699,149
46	9,142	5,664	14,086	1,201,166	5	13,290	9,294	22,584	1,685,862
47	9,667	5,888	15,555	1,303,219	6	13,225	9,301	22,526	1,675,877
48	10,288	6,123	16,411	1,425,637	7	13,184	9,304	22,488	1,678,866
49	10,932	6,409	17,341	1,523,861	8	13,112	9,326	22,438	1,701,655
50	11,545	6,693	18,238	1,631,025	9	13,051	9,336	22,387	1,738,802
51	12,017	7,037	19,054	1,737,202	10	12,946	9,381	22,327	1,789,599
52	12,373	7,421	19,794	1,832,269	11	12,849	9,426	22,275	1,844,244
53	12,737	7,867	20,604	1,913,140	12	12,707	9,492	22,199	1,904,067
54	13,040	8,213	21,313	1,974,886	13	12,580	9,651	22,231	1,949,899
55	13,311	8,725	22,036	1,996,082	14	12,414	9,874	22,288	2,005,002
56	13,490	9,005	22,495	1,982,530	15	12,236	10,155	22,391	2,048,324
57	13,528	9,181	22,709	1,956,725	16	12,013	10,481	22,494	2,090,374
58	13,615	9,243	22,858	1,925,006	17	11,752	10,872	22,624	2,118,079
59	13,813	9,091	22,904	1,880,122	18	11,510	11,210	22,720	2,118,352
60	13,590	9,309	22,899	1,843,550	19	11,240	11,598	22,828	2,132,651
61	13,561	9,318	22,879	1,808,303	20	9,887	11,794	21,681	2,056,845
62	13,506	9,320	22,826	1,784,193					

（注）昭和47（1972）年以降は10月1日現在。児童福祉施設としての保育所。

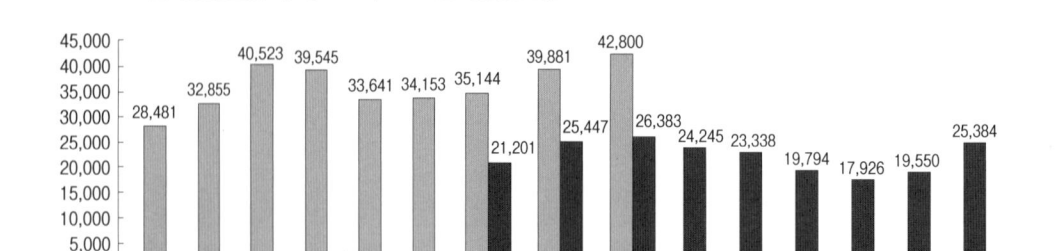

■ 待機児童数（従来ベース）　　■ 待機児童数

平成	7	8	9	10	11	12	13	14	15	16	17	18	19	20	21
従来ベース	28,481	32,855	40,523	39,545	33,641	34,153	35,144	39,881	42,800						
待機児童数							21,201	25,447	26,383	24,245	23,338	19,794	17,926	19,550	25,384

（注）各年4月1日現在。11・12年の待機児童数は，一部の市において，「保護者が求職中の場合」の取り扱いが国の待機児童数調査の定義と異なっていたため実績を補正している。
従来ベースとは，(1) 他に入所可能な保育所があるにも関わらず待機している児童や (2) 地方単独保育事業を利用しながら待機している児童を含めた数。

資料：厚生労働省雇用均等・児童家庭局保育課「保育所の状況等について」

図6-2　保育所待機児童数の推移（日本子ども家庭総合研究所，2005, 2010より作成）

育ママ）制度が待機児童対策として実施されてきている。社会福祉施設等調査（平成15年10月1日現在）では，民営保育所入所児童数が100万人を超え（1,026,071人），公営保育所（1,022,253人）のそれを初めて上回ることとなった。反面，平成22（2010）年では，民営保育所入所児童数1,207,290人，公営保育所入所児童数849,555人となり，民営保育所では定員を超えて入所利用がなされており，子どもへの影響が懸念される。

待機児童数はやや減少しているが，低年齢児を中心に持続的な課題となっている（図6-2，表6-2）。

図6-2に待機児童数（従来ベース）が示されている。他に入所可能な保育所があるにもかかわらず待機している児童や地方単独保育事業を利用しながら待機している児童には，むしろ増加傾向がみられるが，このことは次に述べる保育所入所の仕組みの変化とも関係がある。すなわち，保育所入所の仕組みが従来の措置から保護者の選択に変わったことによる，保育所入所の一極集中化現象の現れであろうと推測できる。

さらに，平成16（2004）年12月には，育児・介護休業法が改正され，最長1年半の育児休業が取得可能となった。これにより，年度途中での保育所入所待機問題は一部解消されることとなったが，待機児童問題については多くの課題が残されている。

平成9（1997）年に児童福祉法の一部改正がなされ，保育所入所の仕組みが変わった。すなわち，保育所入所の「措置」が「保育の実施」に変わり，「措置」ということばが用いられなくなり，法律上，保育所を選択利用することが明確にされた。

従来は，上に示したように，市町村が保護者の労働等の事由により保育に欠けると認めた児童について，保育所に入所させる措置をとってきた。それが，今回の改正により，保護者が保育所に関する十分な情報を得たうえで，子どもの個性や保護者の就労状況等に応じて，保育所を選択できる仕組みになった。

表6-2 保育所待機児童数 (厚生労働省「平成23年保育所関連状況取りまとめ」)

1. 年齢区分別の待機児童数 (人)

区分	利用児童数	割合(%)	待機児童数	割合(%)
低年齢児(0〜2歳)	773,311	36.4	21,109	82.6
うち0歳児	105,366	5.0	3,560	13.9
うち1・2歳児	667,945	31.5	17,549	68.7
3歳以上児	1,349,640	63.6	4,447	17.4
全年齢児計	2,122,951	100.0	25,556	100.0

2. 都道府県・政令指定都市・中核市別保育所待機児童数 (人)

都道府県	利用児童数	待機児童数
北海道	34,328	3
青森	25,255	0
岩手	18,645	37
宮城	14,317	343
秋田	17,247	4
山形	20,427	127
福島	15,345	70
茨城	44,489	167
栃木	23,208	47
群馬	28,590	10
埼玉	67,765	974
千葉	51,518	776
東京	178,956	7,855
神奈川	30,830	778
新潟	37,959	3
富山	18,534	0
石川	22,870	0
福井	24,481	0
山梨	19,493	0
長野	43,103	0
岐阜	34,613	5
静岡	30,842	210
愛知	77,390	131
三重	37,272	40
滋賀	20,458	323
京都	23,766	80
大阪	69,140	557
兵庫	39,791	229
奈良	16,381	114
和歌山	13,080	9
鳥取	16,037	0
島根	20,181	13
岡山	15,471	44
広島	22,440	3
山口	19,259	12
徳島	13,961	29
香川	10,987	0
愛媛	16,946	0
高知	10,101	0
福岡	47,016	322
佐賀	20,297	3
長崎	22,726	0
熊本	31,577	193
大分	14,320	2
宮崎	18,652	0
鹿児島	24,947	58
沖縄	34,964	2,295
計	1,459,975	15,866

政令指定都市	利用児童数	待機児童数
札幌市	19,920	865
仙台市	12,468	498
さいたま市	11,684	143
千葉市	11,451	350
横浜市	40,705	971
川崎市	16,630	851
相模原市	8,512	460
新潟市	19,039	0
静岡市	11,163	41
浜松市	8,959	115
名古屋市	33,546	1,275
京都市	27,464	118
大阪市	43,625	396
堺市	13,895	431
神戸市	20,480	481
岡山市	13,451	0
広島市	21,637	210
北九州市	15,629	0
福岡市	26,717	727
計	376,975	7,932

中核市	利用児童数	待機児童数
旭川市	4,605	128
函館市	3,329	0
青森市	6,302	0
盛岡市	5,324	46
秋田市	4,657	0
郡山市	3,289	54
いわき市	4,906	0
宇都宮市	7,109	49
前橋市	6,147	0
高崎市	7,934	0
川越市	3,050	69
船橋市	8,033	152
柏市	4,083	154
横須賀市	3,788	35
富山市	9,595	0
金沢市	11,399	0
長野市	7,919	0
岐阜市	4,914	0
豊橋市	8,472	0
豊田市	5,939	16
岡崎市	6,474	0
大津市	5,725	84
高槻市	4,831	134
東大阪市	7,211	192
姫路市	9,654	38
西宮市	5,322	279
尼崎市	6,288	44
奈良市	5,074	58
和歌山市	6,212	0
倉敷市	10,622	21
福山市	11,430	0
下関市	5,021	0
高松市	8,246	0
松山市	5,875	39
高知市	9,111	22
久留米市	7,482	14
長崎市	8,176	22
熊本市	15,858	1
大分市	6,687	22
宮崎市	10,129	0
鹿児島市	9,779	85
計	286,001	1,758

合計	2,122,951	25,556

(注1) 岩手県陸前高田市および大槌町,福島県広野町,富岡町および浪江町,宮城県山元町,女川町および南三陸町の8市町はふくまず。
(注2) 都道府県の数値には政令指定都市・中核市はふくまず。

(5) 保育事業

保育ニーズの多様化に伴い，保育メニューも多様化してきている。保育サービスに関する意識調査（図6-3）によれば，病後児保育と休日保育への期待，保育所での子どもの様子をもっと教えてほしいという要望が強いことがわかる。病後児保育は380ヶ所（平成16年），休日保育525ヶ所（平成15年4月1日現在，厚生労働省雇用均等・児童家庭局調査）しか実施されていない。市町村次世代育成支援行動計画に，いずれの事業も盛り込まれている。

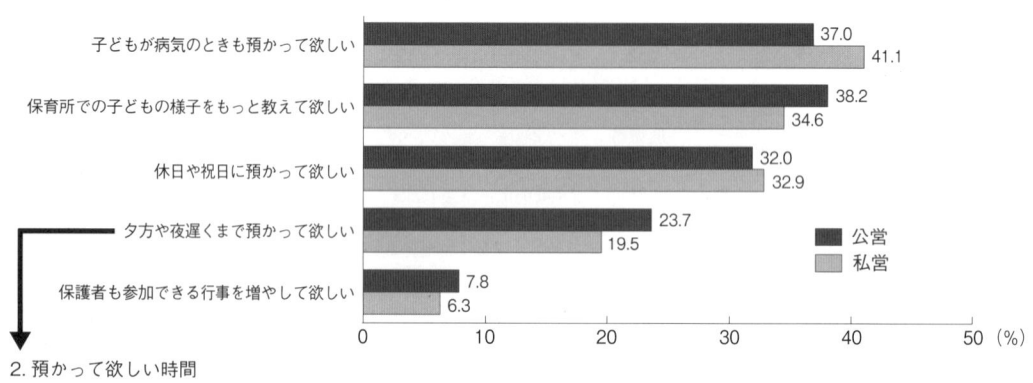

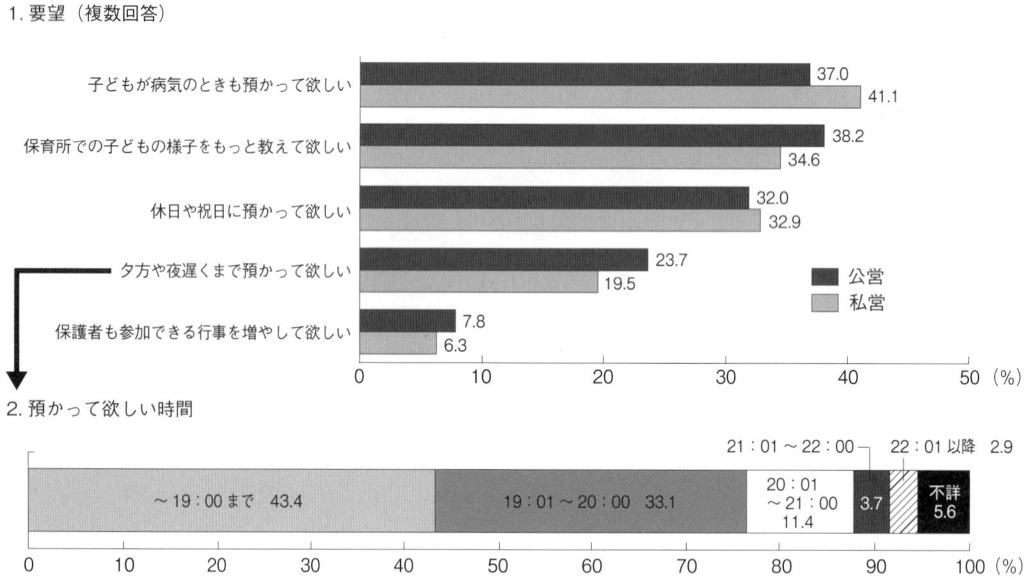

1. 要望（複数回答）

項目	公営	私営
子どもが病気のときも預かって欲しい	37.0	41.1
保育所での子どもの様子をもっと教えて欲しい	38.2	34.6
休日や祝日に預かって欲しい	32.0	32.9
夕方や夜遅くまで預かって欲しい	23.7	19.5
保護者も参加できる行事を増やして欲しい	7.8	6.3

2. 預かって欲しい時間

～19:00まで	19:01～20:00	20:01～21:00	21:01～22:00	22:01以降	不詳
43.4	33.1	11.4	3.7	2.9	5.6

資料：厚生労働省大臣官房統計情報部「平成15年地域児童福祉事業等調査結果」2004

図6-3 保育サービスに関する要望（平成15年）

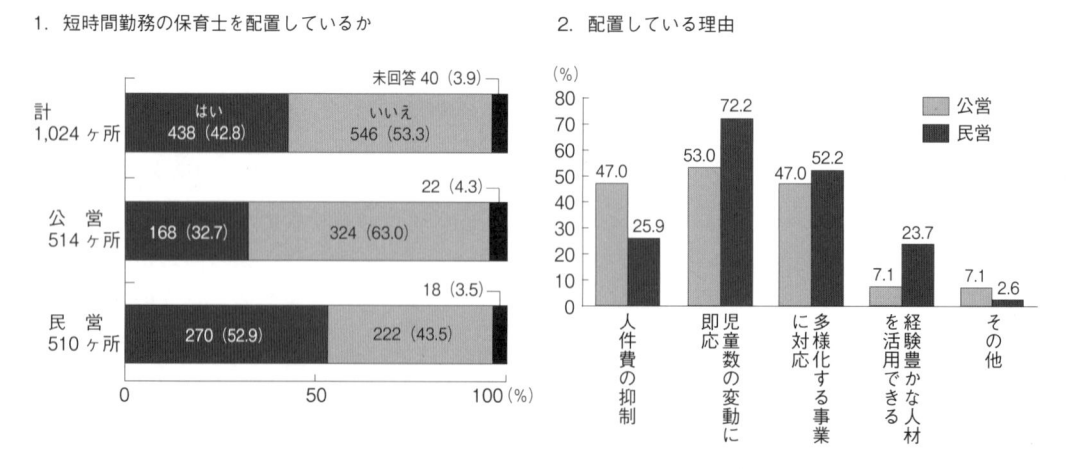

1. 短時間勤務の保育士を配置しているか

	はい	いいえ	未回答
計 1,024ヶ所	438 (42.8)	546 (53.3)	40 (3.9)
公営 514ヶ所	168 (32.7)	324 (63.0)	22 (4.3)
民営 510ヶ所	270 (52.9)	222 (43.5)	18 (3.5)

2. 配置している理由

理由	公営	民営
人件費の抑制	47.0	25.9
児童数の変動に即応	53.0	72.2
多様化する事業に対応	47.0	52.2
経験豊かな人材を活用できる	7.1	23.7
その他	7.1	2.6

資料：社会福祉法人日本保育協会「改正保育制度施行の実態及び保育所の運営管理に関する調査研究報告書」2004

図6-4 短時間勤務の保育士の配置（平成14年度）

また，特別保育に関して，公営保育所よりも民営保育所においてさまざまな事業が積極的に取り組まれている。たとえば，図6-4に示されるように，短時間勤務保育士の配置理由をみると，民営では，「児童数の変動に即応」「多様化する事業に対応」と柔軟に対応しているのに対して，公営では「人件費の抑制」という理由が比較的多くを占めている。

(6) 保育関連サービス

保育需要の増大とともに，認可外保育施設数（ベビーホテル，その他認可外保育施設，事業所内保育施設）も増加傾向にある（表6-3，図6-5）。認可外

表6-3 認可外保育施設の状況（厚生労働省「平成22年度認可外保育施設の現況取りまとめ」）

(ヶ所，千人)

区分	認可外保育施設 施設数	認可外保育施設 児童数	ベビーホテル 施設数	ベビーホテル 児童数	その他 施設数	その他 児童数	事業所内保育施設 施設数	事業所内保育施設 児童数
10年度	4,783	149	727	19	4,056	130	3,549	54
11	5,253	160	838	21	4,415	139	3,603	54
12	5,815	169	1,044	25	4,771	144	3,622	53
13	6,111	169	1,184	26	4,927	143	3,534	52
14	6,849	179	1,386	28	5,463	151	3,445	50
15	6,953	177	1,495	29	5,458	148	3,378	49
16	7,176	179	1,587	30	5,589	149	3,371	48
17	7,178	180	1,620	31	5,558	149	3,389	48
18	7,249	179	1,566	30	5,683	149	3,441	47
19	7,348	177	1,597	29	5,751	148	3,617	51
20	7,284	176	1,756	32	5,528	144	3,869	56
21	7,400	180	1,695	31	5,705	149	3,988	58
22	7,579	186	1,709	31	5,870	155	4,137	61

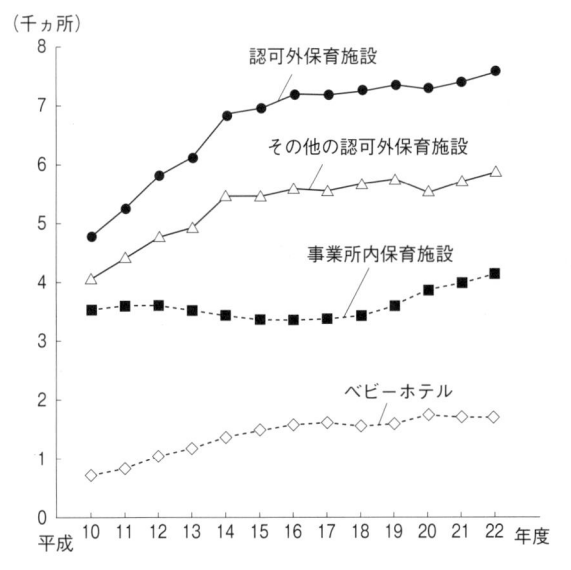

(注1) 施設数および児童数は都道府県等が把握した数。
(注2) 平成10年度および11年度については各年度1月10日現在。平成12年度は12月31日現在，平成13年度以降は3月31日現在。

図6-5 認可外保育施設数の推移（厚生労働省「平成22年度認可外保育施設の現況取りまとめ」）

保育施設に位置づけられる認証保育所に対する意識調査（図6-6，図6-7）によると，認証保育所を選んだ理由としては，「家から近い」「保育所の雰囲気がよい」「認可保育園に入れなかった」等があげられ，利用者の満足度に関しては，「保育士の対応」「保育所の雰囲気」「利用しやすい場所にある」等が特に満足していることとしてあげられ，一方，「園庭がない」「保育料」等が不満に感じていることとしてあげられている。

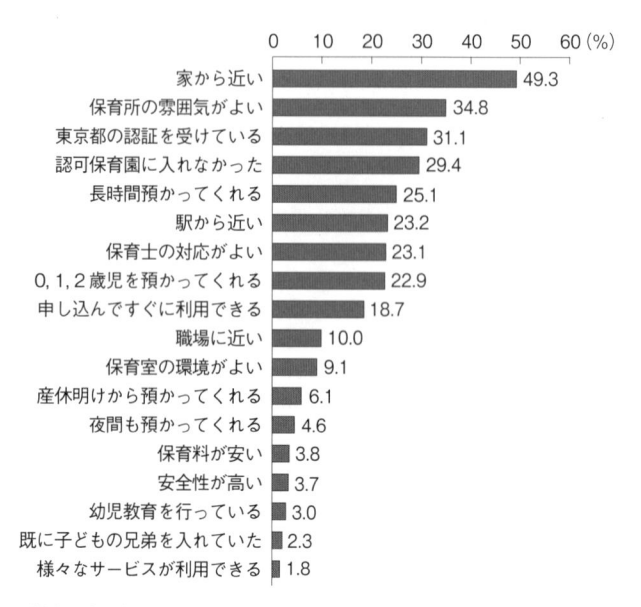

項目	%
家から近い	49.3
保育所の雰囲気がよい	34.8
東京都の認証を受けている	31.1
認可保育園に入れなかった	29.4
長時間預かってくれる	25.1
駅から近い	23.2
保育士の対応がよい	23.1
0, 1, 2歳児を預かってくれる	22.9
申し込んですぐに利用できる	18.7
職場に近い	10.0
保育室の環境がよい	9.1
産休明けから預かってくれる	6.1
夜間も預かってくれる	4.6
保育料が安い	3.8
安全性が高い	3.7
幼児教育を行っている	3.0
既に子どもの兄弟を入れていた	2.3
様々なサービスが利用できる	1.8

(注)調査対象は，平成15年5月までに設置された認証保育所（A型90ヵ所，B型64ヵ所，計154ヵ所）における，入所児童の保護者1,876人（回収率42.6％）。平成15年7月，郵送調査。3つまで回答可。

図6-6　認証保育所を選んだ理由（平成15年）

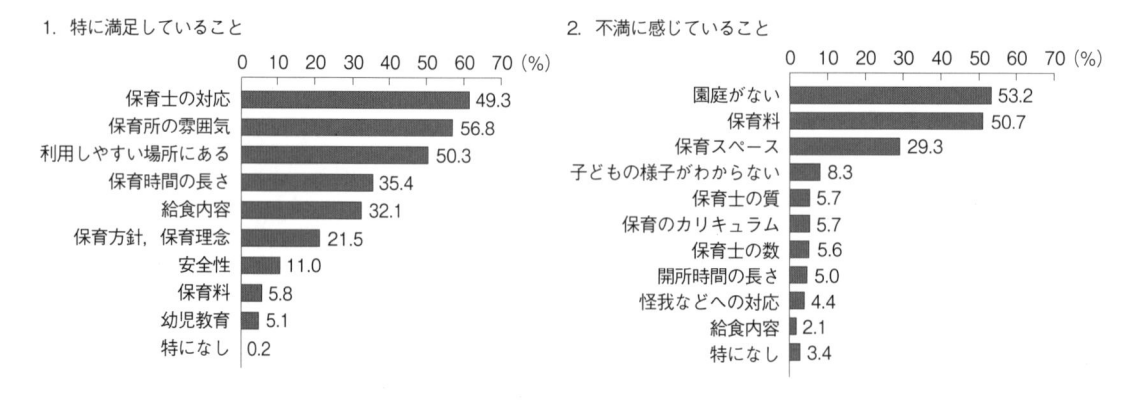

1. 特に満足していること

項目	%
保育士の対応	49.3
保育所の雰囲気	56.8
利用しやすい場所にある	50.3
保育時間の長さ	35.4
給食内容	32.1
保育方針，保育理念	21.5
安全性	11.0
保育料	5.8
幼児教育	5.1
特になし	0.2

2. 不満に感じていること

項目	%
園庭がない	53.2
保育料	50.7
保育スペース	29.3
子どもの様子がわからない	8.3
保育士の質	5.7
保育のカリキュラム	5.7
保育士の数	5.6
開所時間の長さ	5.0
怪我などへの対応	4.4
給食内容	2.1
特になし	3.4

資料：東京都福祉局「東京都認証保育所実態調査結果報告書」2004

図6-7　認証保育所利用者の満足度（平成15年）

(7) 総合施設の問題

　人間形成の基礎となる就学前の教育・保育については，以下のような課題が指摘されている。すなわち，基本的な生活習慣や態度が身についてない，運動能力の低下，他者とのかかわりが苦手，自制心や規範意識が十分整っていない，集団活動や異年齢交流の機会の不足，保護者の就労等によるライフスタイルの多様化に伴う多様な教育・保育ニーズへの対応，核家族化の進行や地域関係の希薄化等による家庭や地域の子育て力の低下等である。

　このような子どもと親を取り巻く社会環境が変化するなかで，子どもの視点に立ち，生涯学習の始まりとして人間形成の基礎を培う幼児教育の観点や，社会全体で次代を担う子どもの育ちを支える次世代育成支援の観点から「総合施設」（現在は認定子ども園）が提唱され，平成17（2005）年に全国で30数ヶ所設置された。

　総合施設の利用対象者については，就学前の子どもの育ちを一貫して支える観点から，0歳から就学前の子どもとその保護者とすることが基本となる。この場合，0～2歳児については，親子登園や親子の交流の場の提供などを通じた親と子の利用に供しつつ，幼児教育・保育については，主として3～5歳児を対象とし，地域の実情やニーズに柔軟に対応できる多様な形態も可能となる。

2. 児童厚生施設

(1) 目　的

　児童厚生施設は，「児童に健全な遊びを与えて，その健康を増進し，又は情操を豊かにすることを目的とする施設」（児童福祉法第40条）である。屋内施設として児童館，屋外施設として児童遊園等がある。2010（平成22）年現在，児童館は約4,300施設，児童遊園は約3,300施設，設置されている（厚生労働省平成22年社会福祉施設等調査より）。しかし，児童遊園の数は表6-4に示されるように減少し，その活動は衰退している。児童館の種類は，①小型児童館，②児童センター（年長児童を対象とした大型児童センターもふくむ），③大型児童館（A型・B型・C型の三種）の3つに分かれている。児童館の機能は，近年の子どもや家庭の変化に対応して，従来の遊びを通した健全育成としての子ども育成機能中心型から，子ども・家庭生活支援機能や組織化機能を中心としたものへと変化しようとしている。児童館の未設置地域や児童厚生員の身分と資格の確立など課題が残されている。

(2) 児童館

　子どもの遊びや文化活動の拠点となる地域の文化施設である。専門家である児童厚生員を配置し，遊戯室・音楽室・図書室などに各種の設備用具を準備して，子どもの遊び・ゲーム・スポーツ・楽器演奏・読書などの活動を援助する。また，子ども会の育成や母親クラブの運営などの「地域組織活動の育成」を図り，幅広く地域の子育てのセンター的役割を担っている。小地域を対象とした小型児童館の他に，児童センター（体力増進のための設備を加えたり，中高校生の利用を考慮）と，大型児童館（都道府県内児童館の中枢

表6-4　児童福祉施設数の推移（厚生労働省大臣官房統計情報部「平成22年社会福祉施設等調査報告」）

(ヶ所)

区　分	平成16	17	18	19	20	21	22
児童家庭支援センター	49	57	61	67	70	67	75
児童館	4,693	4,716	4,718	4,700	4,689	4,360	4,345
小型児童館	2,881	2,897	2,886	2,836	2,799	2,602	2,594
児童センター	1,663	1,691	1,708	1,738	1,750	1,632	1,616
大型児童館A型	18	17	18	18	19	19	19
大型児童館B型	4	4	4	4	4	4	4
大型児童館C型	1	1	1	1	1	1	1
その他の児童館	126	106	101	103	116	102	111
児童遊園	3,827	3,802	3,649	3,600	3,455	3,407	3,283

(注) 平成21年以降は調査方法等の変更による回収率変動の影響を受けているため，20年以前との年次比較は行っていない。なお，回収できた施設のうち，活動中の施設について集計している。

的機能を果たすA型，宿泊施設を備え野外活動が行えるB型，芸術や科学を含めたより総合的な機能をもつC型）があり，とくに，国際児童年を記念して，劇場部門を併設する「子どもの城」が東京に開設されて，全国の児童館のセンター的役割を果たしている。表6-4に示されるように，2010（平成22）年現在4,345館が全国に設置されている。

1) 小型児童館

小型児童館は，児童福祉施設最低基準の規定による最低限の施設設備（集会室，遊戯室，図書室および便所）を有した，小地域を対象とする児童館である。

2) 児童センター

児童センターは，小型児童館の機能に遊びによる体力や運動能力の増進に関する指導機能が付け加えられており，建物の面積もその分広くなっている。

3) 大型児童館

大型児童館は，国際青年年を記念してつくられ，年長児童を対象とし，児童センターとしての機能のうえに，都道府県内の児童館の中枢的機能をもつもの，自然環境に囲まれた宿泊施設をもつもの，劇場やギャラリー，室内プール，科学資料展示室などが付設されているものなどがある。

これらの児童館の活動内容としては，個別・集団的にさまざまな遊びを子どもたちに提供して健全育成プログラムを行うこと，低学年の留守家庭の子どもを対象とした学童保育クラブや家庭の支援を行うこと，地域の組織化を行うこと，さらに，地域の連帯の形成や地域活動の活性化を図る拠点として，コミュニティ形成を援助するためのコミュニティワークを行うことなど，子どもの自主性，社会性および創造性を高め，地域における健全育成活動を促進することがめざされる。

(3) 児童遊園

　児童遊園は，児童に健全な遊びを与えて，その健康を増進し，情操を豊かにすることを目的とする屋外型の児童厚生施設である。児童公園が都市公園法による都市計画施設であるのに対し，児童遊園は児童福祉法に基づいている。しかし，幼児・児童を主体に考えれば，両者はともに幼児や児童が安全に遊ぶことができる場を保障しようとするものである。児童遊園は，繁華街や住宅，工場の集合地域，交通の激しい地域などの，遊び場が不足している地域に優先的に設置され，その広さは，原則として330㎡以上とされ，物的設備として，ブランコ，砂場，すべり台，便所などを設けることとされているが，型どおりの遊園ではなく，幼児や児童の創意・工夫を生かすことのできる魅力ある遊び場となるよう考慮されなければならない。遊びを指導する児童厚生員が置かれていることが特徴であり，児童館とともに，地域における幼児・児童の遊びの拠点として，積極的な役割が期待される。

3. 児童家庭支援センター

(1) 目　的

　児童家庭支援センターは，「地域の児童の福祉に関する各般の問題につき，児童，母子家庭，その他の家庭，地域住民その他からの相談に応じ，必要な助言を行うとともに，保護を要する児童又はその保護者に対する指導を行い，あわせて児童相談所，児童福祉施設等との連絡調整等を総合的に行い，地域の児童，家庭の福祉の向上を図ることを目的とする児童福祉施設」（児童福祉法第44条の2）である。

　このセンターは，家庭や地域の子育て機能が低下し，問題への対応が重要となっている現代において，児童相談所が継続的に相談指導することが困難になっている地域を中心に，身近なところできめの細かい相談支援体制を図るために創設された。

　設置については，地域で基幹的な役割を果たしている児童養護施設等の児童福祉施設に附置することとされている。それら施設の相談指導のノウハウや夜間の対応，一時保護等にあたっての施設機能を活用して，利用しやすい相談体制の効率的な整備を図ることとされている。

(2) 児童家庭支援センターの業務

　その業務は，①専門スタッフによる相談援助サービス，②施設入所は必要ないが継続的指導が求められる児童やその家庭に対する児童相談所の指導措置委託に基づく指導，③児童委員，母子相談員等との連携による問題の早期発見および児童相談所等との連携調整である。

　このセンターの最低基準によると，児童家庭支援センターは「相談室を設けなければならないこと，地域の子どものさまざまな問題に対応出来る十分な経験を有する支援を担当する職員を置かなければならないこと，支援にあたっては，子供および保護者の意向の把握に努めること，緊急を要する相談にも迅速に対応できるよう児童相談所，児童福祉施設等との連絡調整に努めなければならないこと，夜間の緊急対応も必要であるので附置されている施

設と緊密な連携を図りながら，支援を円滑に行う体制を整えておかなければならないこと」とされている。

　また，児童福祉法施行規則によると，児童家庭支援センターが行う援助とは「訪問等の方法による子どもおよび家庭にかかわる状況把握，援助計画の作成，その他子どもとその保護者等に必要な援助であり，援助計画の作成を行う場合は，子どもと保護者の意向を十分にふまえ，児童相談所等の関係機関とも必要な連携を図りつつ作成する必要があること，附置する施設は，乳児院，母子生活支援施設，児童養護施設，情緒障害児短期治療施設および児童自立支援施設」と規定されている。

(3) 児童家庭支援センターの事業内容
　児童家庭支援センターは，以下に定める事業を実施するとされている。

1) 地域・家庭からの相談に応ずる事業
　地域の児童の福祉に関する各般の問題につき，児童，母子家庭その他からの相談に応じ，必要な助言を行う。

2) 都道府県（児童相談所）からの受諾による指導
　児童相談所において，施設入所までは要しないが要保護性があり，継続的な指導措置が必要であるとされた児童およびその家庭について，指導措置を受諾して行う。

3) 関係機関との連携・連絡調整
　児童や家庭に対する支援を迅速かつ的確に行うため，福祉事務所，児童福祉施設，民生委員，児童委員，母子相談員，母子福祉団体，公共職業安定所，婦人相談員，保健所，市町村保健センター，精神保健福祉センター，教育委員会，学校等との連絡調整を行う。

学習課題
1. 保育所保育指針の改訂の要因をまとめよう。
2. 保育所の入所の仕組みが「措置」から「選択」に変わった経緯を整理してその影響についてまとめよう。
3. 児童館の活動内容をまとめよう。
4. 児童館が地域とどのようなつながりがあるのか調べてみよう。
5. 児童家庭支援センターの目的とその事業内容をまとめよう。

引用文献
厚生労働省雇用均等・児童家庭局（編）　2007　保育所保育指針　平成19年12月
ミネルヴァ書房編集部（編）　2004　社会福祉六法　平成16年度版　ミネルヴァ書房
社会福祉法人恩賜財団母子愛育会　日本子ども家庭総合研究所（編）　2005　日本子ども資料年鑑　KTC中央出版
社会福祉法人恩賜財団母子愛育会　日本子ども家庭総合研究所（編）　2010　日本子ども資料年鑑　KTC中央出版

家庭的養護

7

1. 社会的養護のなかの家庭的養護

(1) 社会的要請

　厚生労働省は平成23（2011）年3月30日に雇用均等・児童家庭局長通知として「里親委託ガイドラインについて」を出し，里親委託優先の原則を掲げて社会的養護を必要としている子どもに対して家庭的養護を積極的に推進する必要性を示した。また平成23（2011）年7月には児童養護施設等の社会的養護の課題に関する検討委員会・社会保障審議会児童部会，社会的養護専門委員会がとりまとめを出し，同様の方向性を示した。

　このように，社会的養護のなかで処遇規模の小規模化，家庭的養護の推進は社会の要請でもある。

(2) 地縁血縁から社会的養護へ

　子どもの権利条約第18条では，「父母又は法定保護者は，児童の養育及び発達について第一義的な責任を有する」と規定し，児童憲章第2項は「すべての児童は，家庭で，正しい愛情と知識と技術を持って育てられ，家庭に恵まれない児童には，これにかわる環境が与えられる」とされている。

　このように子どもは親のもとで生まれ，育てられるのが基本であるが，父母の事故や病気，経済的な貧困，虐待などさまざまな原因で，親と一緒に暮らせない状況が出てくる。その際には，祖父母やおじ・おばなどの親族が子どもを引き取って子どもたちを育てたり，村落や地域の人たちが子どもの世話を行うことは，人類の長い歴史のなかで行われてきた。

　しかし地縁や血縁で子どもたちを養育できる人がいなかったり，災害や戦争などにより地域全体が被害をこうむると，子どもの養育は放棄されることもある。とくに産業革命以降は，都市への人口の集中や核家族化などにより以前からの地縁や血縁が希薄になり，社会全体（国）の公的な責任により子どもを育てる「社会的養護」が必要になってきた。そのため親でない大人が他人の子どもを育てるシステムが構築された。

　日本では，明治期以降石井十次など個人の篤志家による孤児救済事業があったが，第2次世界大戦後の戦災孤児対策として数多くの児童養護施設が建設された。戦後60年以上経過しているが，日本での施設中心の児童養護の現状は，戦後の緊急対応の名残がいまだに続いているともいえる。

社会保障審議会児童部会
　各都道府県には児童福祉法第8条により児童福祉審議会が置かれているが，厚生労働省に日本全体の児童福祉行政全体に関する諮問に答え，意見具申をするために設置されている。

子どもの権利条約
　平成元（1989）年に国連で採択され，日本は平成6（1994）年に批准。子どもの権利を擁護するための国際的な条約である。内容は，大人は子どもの最善の利益を考慮して援助を行うと同時に，子どもの意見表明を最大限尊重する義務を負うこと，子どもがもつさまざまな権利などが明記されている。

児童憲章
　児童福祉法制定後，昭和26（1951）年に制定された。法的な拘束力はもたないが，子どもの福祉にかかわる指針となっている。

このように社会的養護の出発点としては、子どもを地縁や血縁のなかで育てていくという家庭的養護があり、施設養護前提で考える必要はない。

(3) 施設養護と家庭的養護

社会的養護は大きく2つに分けられる（図7-1）。

1つは、数多くの子どもたちを多くの職員によって対応する施設養護である。ここでは、子どもたちは集団で生活し、食事や入浴、遊び、就寝なども一緒に行動する。対応する職員は交代勤務であり、子どもたちとは別の場所で生活をしている。このように、複数の職員で多くの子どもたちに対応する集団での生活である。

そのため個々の子どものニーズより、子どもたち全体の安全や平等が強調され、ルールによってそれが保障される。たとえば、食べ物の好き嫌いや気に入った服の柄、起きる時間や見たいテレビなどの、日常生活のさまざまな場面で、一人ひとりの意見や希望より、多くの場合、詳細なルールが暗黙か明示かは別にして決められる。時にはその集団内の力関係で物事が決まり、多くの子どもたちは自分の気持ちや希望を我慢して集団生活の流れに従うしかない。これらは、児童養護施設がもつ構造的課題である。

その結果、たとえば児童相談所などが施設入所中の子どもに対して「意見を言ってもいいよ」と子どもの権利ノートを配布しても、その実効性のなさや実現の困難さを子ども自身が敏感に感じているため、ほとんどは行政側の自己満足や弁解ともなっている。

これに対して家庭的養護といわれる里親やグループホームは、少人数の子どもと大人が一緒に生活をする形態である。その内容や特徴については、これから詳しく述べていきたい。

なお施設養護も、近年の被虐待児の入所の増加に伴い、従来の体制や手法では対応が困難になっており、子どもの生活規模を小さくしたり、地域の住宅地に地域分散型入所施設を建てるなど、家庭的養護に近づける方向が志向されている。

子どもの権利ノート
児童福祉施設に入所している子どもがもっている権利や義務についてわかりやすく説明した冊子で、児童相談所や児童養護施設の職員等が一緒になって各都道府県・政令指定都市ごとに作成し、配布している。

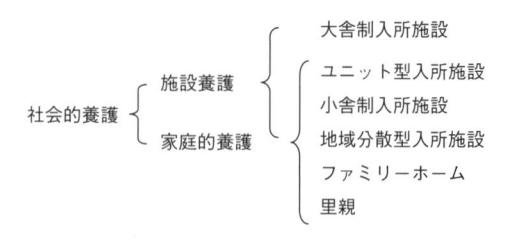

社会的養護 ┬ 施設養護 ┬ 大舎制入所施設
　　　　　 │　　　　　├ ユニット型入所施設
　　　　　 │　　　　　├ 小舎制入所施設
　　　　　 └ 家庭的養護 ┬ 地域分散型入所施設
　　　　　　　　　　　　├ ファミリーホーム
　　　　　　　　　　　　└ 里親

図7-1 社会的養護の概念図

2. 小規模施設

(1) 施設小規模化の必要性

上記のように、大きな施設のなかで子どもたちが過ごす集団での生活は、少ない職員で数多くの子どもの世話ができ、また少ない資金で多くの子ども

たちの世話をするためには効率的であり、子どもたち全体の動きがよく見えるという職員からの管理面でもメリットがある。そのため現在の日本では約64.9％の児童養護施設がこの大舎制で運営されている。

しかしすでに述べたように、一人ひとりの子どもに職員の目がいきとどかず、個別の声かけや子どもの話をゆっくり聞くことは難しい。また子どもの個性に応じて対応を変えたり、特定の子どもだけに個別に対応することが人手不足のためにできないため、みんなを同じように扱う悪平等になってしまう。

その結果、子どもは、ルール違反や夜尿など、わざと職員の手を煩わせることで結果的に自分との一対一のかかわりを求めることも多い。そのため、職員はこのような子どもに手を取られ、他の多くの子どもたちに対して、ますます集団としての対応をせざるを得ない悪循環を生む。

また集団の規模が大きいため全体的に落ち着かず、自分の物や生活空間と他人の領域が曖昧になり、物を大切にしなかったり、言葉でコミュニケーションする能力の伸びが低いこともある。また職員は、少ない職員で多くの子どもたちに対応するため、どうしても大きな声を出したり、指示命令が多くなる。

現在、施設内虐待の頻発が大きな話題になっているが、その背景にはこのようなシステム的な課題が隠されている。そのため、子どもたちをできるだけ小さく分け、個別のかかわりを構造的に増やす取り組みが必要となる。それは最初に述べたように、社会的な要請でもある。

以下でそのいくつかの方法を説明する。

(2) 小舎制施設

学校の教室のように、1つの大きな建物のなかに、居室が廊下に面して並ぶような構造で30人から100人以上の子どもが一緒に生活するスタイルが大舎制とすると、分譲住宅団地のように、一定の敷地の中にいくつかの家に分かれて生活する構造を小舎制という。

1つの家（ホーム）なので、そのなかに玄関や台所、リビング、風呂、居室、宿直室などが調っており、子どもたちはそのなかで生活する。各ホームの子どもの数は施設によって4人から12人と幅がある。また子どもの居室は、中高生は個室であることも多い。

職員は少人数で特定の子どもたちと生活を共にするので、かかわりは多くなると同時に、子どもたちにとっても、一定の空間で限られた人間関係のなかで生活するため、お互いのかかわりは多くなり、職員との関係も深くなる。また生活上の決まりは、そのホーム内である程度変更可能であり、その結果、子どもたちの自主性が尊重される。

ただ大舎制に比べて職員は一人で食事、洗濯、学習指導、など多くのことに対応することが要求され、勤務時間も長くなりがちである。

(3) ユニット型児童福祉施設

小さなマンションのように、1つの建物のなかにいくつかの家庭がある構造である。ある施設では、1階に事務室や応接室、調理室、幼児用の居室と遊戯室・風呂・トイレ等があり、2階に男子、3階に女子のユニットが4個ず

施設内虐待
社会福祉施設内で行われる施設職員からの虐待行為。児童福祉法第33条の10で里親を含め、被措置児童に対する虐待を禁止し、同法第33条の12で、行政機関等への通告についても規定した。

つある。その生活の単位であるユニットには，それぞれ玄関や台所，リビング，風呂，トイレなどが整備されており，各ユニットのなかで，概ね6〜12人の子どもたちが生活をしている。

生活が独立している点は小舎制施設と同様であるが，午後10時以降の宿直では，いくつかのユニットを1人の職員が担当することで，勤務体制に余裕が生まれる。また独立しているとはいえ，同じ建物内なので，緊急時などに他の職員の応援も入りやすい。

(4) 地域小規模児童養護施設

小舎制もユニット型も施設の敷地内に設置されるのに対し，施設の敷地外に単独で住居を設け，少人数で生活する。多くの場合，戸建住宅を借り，子どもの定員は多くは6人で，2〜3人の職員が勤務する。ただ宿直は本体施設職員が交代で泊ったり，大学生を非常勤職員として雇用するなどして補っているところも多い。

戸建住宅なので，当然玄関や台所，リビング，風呂，トイレなどは整備されている。そして施設から離れた場所で生活するため，職員と子どもの関係は，より密接になりやすい。また子どもたちも近隣住民との関係も生じやすく，社会性の育成に寄与できる。ただ，職員は他の職員からの援助が得られにくいので，自由度が高い反面，緊急の応援が得られにくく，細かいところまで自分たちで判断を行う必要から，精神的にも肉体的にも負担が大きい。

(5) ファミリーホーム（小規模住居型児童養育事業）

児童福祉法第6条の3に規定され，平成21（2009）年4月より施行されている制度。養育里親経験者など一定の要件を満たした者が定員5〜6人の子どもたちを3人の養育者で家庭的な雰囲気のなかで育てる制度。「(4) 地域小規模児童養護施設」と同様のメリット，デメリットをもつ。

(6) 小規模施設で勤務するうえでの課題

1) 職員の時間的負担

子ども6人を2〜3人の職員で養育する小規模施設では，頻繁に泊り勤務が回ってくる。また日常生活でも，多くの時間が1人勤務となり，食事や掃除などの家事に追われてしまう。

2) 子どもとの葛藤

小規模施設は，子どもの数も職員の数も少ないため，会話が増え甘えが出やすくなるなどより密接なかかわりが生まれる。それは小規模施設のメリットではあるが，その結果，職員の目が届きやすく，細かい点まで注意してしまいがちである。

また誰でも一緒に生活を続けていくと，どんなに仲が良くても必ず衝突が生じる。とくに被虐待児や発達障害をもつ子どもの入所が増えている現状で，今まで違った環境や価値観で生活していた子どもたちが狭い空間で一緒に生活をするため，衝突が起こりやすい。

3）逃げ場がない

　大舎制の施設であれば，子どもも職員の数も多いため，嫌いな子どもや職員がいても，代わりの「お気に入り」や逃げ場を見つけることが可能である。

　しかし小規模施設では，性格や生活リズムが合わない場合でも必ず顔を合わせるため，ケンカのあとなどに気まずい雰囲気が続くこともある。

4）外部からの応援

　小規模施設では，集団の単位が小さく独立して生活するため，そのなかでストレスや雰囲気の悪化が徐々に進んだ場合，内部で生活している職員や子どもたちに自覚されず，結果的に大事件になる可能性もあり，注意が必要である。また職員が日常の雑務に忙殺されて子どもと接する時間が少なくなるのを防ぐため，ボランティアや本体施設から応援が入ることも多い。

　しかし一般に小規模施設を担当している職員は，自分たちのやり方やペースでホームを運営することから満足感を得ており，外部から干渉されたり，自分たちのやり方を批判されることを嫌う傾向にある。

　小規模施設が円滑に運営されるためには，この外部からの応援をいかにスムーズに導入できるかが決め手ともいえる。

（7）家庭的養護推進の動き

　厚生労働省の諮問機関である社会保障審議会児童部会社会的養護専門委員会は平成23（2011）年7月に「児童養護施設等の社会的養護の課題等に関する検討委員会」の意見を取りまとめて公表した。ここでは社会的養護の意義を，①養育機能，②心理的ケア等の機能，③地域支援等の機能があるとし，児童虐待等からの保護と回復や世代間連鎖の防止などのため，家庭的養護を推し進める必要があると結論付けている。そして将来的には，本体施設，グループホーム，家庭的養護のそれぞれをおおむね3分の1にすべきとしている。

　また各施設種類ごとに課題と将来像が示されている。そのなかで児童養護施設については，被虐待児や障害のある子どもの入所の増加などさまざまな対応困難な現状があり，ケア単位の小規模化と施設による里親支援などが求められている。

　またその数ヶ月前に出された厚生労働省雇用均等・児童家庭局長通知の「里親委託ガイドライン」では，社会的養護は里親を優先に考えることが求められている。そして社会的養護が必要な場合には，まず保護者に里親への委託の承諾を求めることや，1年以上面会のない措置児童には里親委託を検討することなど，具体的な指針が示されている。その結果，現在約11％の里親委託率を平成26年度までに16％に，十数年後には3割以上にするとしている。

　このように日本の社会的養護は，家庭的養護中心へと方向性が変わってきている。

3. 里親制度

(1) 里親制度

家庭的養護の中心のひとつは里親である。

里親の定義は児童福祉法第6条の4にあり「保護者のない児童又は保護者に監護させることが不適当であると認められる児童を養育することを希望する者であって，都道府県知事が適当と認めるもの」である。

つまり里親は乳児院や児童養護施設と同様に，実の親がいる子どもであっても養育し，保護者が上記の状態から改善すれば，子どもは親のもとに帰ることを前提にしている制度である。このように里親とは，子どもの福祉を守るための制度であり，子どもの最善の利益を中心に考える必要がある。このことは，もっぱら大人の利益や都合が優先されることの多い養子縁組との違いである。

平成20（2008）年度における社会的養護における里親の割合は10.4％であった。子ども子育てビジョンにおいては平成26（2014）年度までにその割合を16％に増やすことを目標に掲げている。また児童養護施設等の充足率の向上に伴って児童相談所での一時保護期間が長期化し，入所予定児童が一時保護所に積滞している事態に伴い，各都道府県でも積極的な里親委託を働きかけており，委託児童数は増えている。

子ども子育てビジョン
平成22（2010）年1月に閣議決定された，今後の子育て支援の方向性についての総合的な計画。子ども子育て応援プランの後を引き継ぐもので，平成26（2014）年度までの数値目標を示している。

(2) 里親の種類

平成20（2008）年の児童福祉法改正により里親は4つの種類に分けられ，その定義や要件が示された。

1）専門里親

家庭で被虐待児や非行児などを2年間という期限付きで預かる里親であり養育里親の一部に含められている。かなり専門的な知識が必要であり，また子どもへの対応が難しいため，過去に3年以上里親としての養育経験か，もしくは施設等での3年以上の職員としての養育経験が必要であり，さらに専門里親になるための研修を受講して初めて認定される。

虐待を受けた子どもが増加しているなかで活用が期待されているが，里親の増加が十分でなく，委託する子どもとの相性などもあり登録里親約550人が140人の子どもを受託している。

2）親族里親

民法877条により「直系血族や兄弟姉妹」は扶養義務を負うが，実際には自分たちが食べるだけで精一杯で，親族の子どもを預かる経済的な余裕がない場合も多い。子どもをそれまで監護していた保護者が死亡や行方不明，拘禁等の場合に，三親等内の親族を里親に認定し，子どもの養育費を支給することで，子どもは施設に行かずに地域で生活できる。

この場合，親族は里親として認定を受ける必要があるが，受託はその子どもに限られ，また親族に対しては里親手当が出ないのが特徴である。

平成23（2011）年3月の東日本大震災では，被災遺児・孤児がこの制度に

より親族宅等で生活をしている。

3）養育里親

　乳児院や児童養護施設と同様に児童相談所から委託を受け，親に代わって子どもを養育する里親で，里親制度の根幹をなす。最近は，全国的に児童養護施設の充足率がほぼ100％になっており，また虐待等で保護した子どもは集団生活への対応が困難な場合が多く，里親への委託が検討される事例も増えている。実際に登録されている里親数と里子数は表7-1 の通りである。また里親認定を申し込んだ理由は表 7-2 のようである。

　しかし養育里親には，①子どもを育てた経験がない，②施設職員のような子どもの発達や病気，感情などに関する専門知識が少ない，③里親を支えるサポートが少ない，④委託された子ども自身が，里親が本当に信頼できるかどうか，試すような意地悪な困る行動をすることも多い，などさまざまな困難がある。

　厚生労働省や都道府県では里親育成に力を入れ，積極的な制度の広報を行っているが，表7-3 のように1人の里親当たりの委託人数も2人までで約75％であり，養育里親の急増はなかなか困難な状況にある。

4）養子里親

　養育里親の中には，後ほど述べる特別養子縁組など，自分たち夫婦の子どもを迎え入れるために養育里親を希望する人も表7-2 のように里親認定者の約2割はいる。

　この人たちは，自分たち大人の都合や気持ちを優先し，希望の年齢や性別で子どもを選別し，「我が子」として引き取っていく。子どもの幸せを優先するのではなく，自分たちの選択を優先する傾向にある。

表7-1　登録里親数等の推移

	昭和30年	40年	50年	60年	平成18年	21年	22年
登録里親数	16,200	18,230	10,230	8,659	7,882	7,180	7,669
委託里親数	8,283	6,090	3,225	2,627	2,453	2,837	2,971
委託児童数	9,111	6,909	3,851	3,322	3,424	3,836	3,876

（福祉行政報告例　各年度末現在）

表7-2　里親申込みの動機別里親家庭数

総数	児童福祉への理解から	子どもを育てたいから	養子を得たいため	その他	不詳
2,626	974	825	572	224	31
100.0%	37.1%	31.4%	21.8%	8.5%	1.2%

（児童養護施設入所児童等調査結果の概要（平成20年2月1日現在）厚生労働省ホームページより）

表7-3　委託児童別里親家庭数

総数	1人	2人	3人	4人	5人以上	不詳
2,626	1,360	657	292	149	130	38
100.0%	51.8%	25.0%	11.1%	5.7%	5.0%	1.4%

（児童養護施設入所児童等調査結果の概要（平成20年2月1日現在）厚生労働省ホームページより）

しかし一方，棄児や性被害者の出産児など将来引き取られる可能性がほとんどない子どもの場合，0歳から18歳まで面会に来る人がいないなかで施設で生活するよりも，養子となって新しい家族と生活を始める方が子どもの福祉にかなう場合も少なくない。

(3) 里親の認定手続き

里親として委託を受けるためには，まず先に里親としての認定を受けなければならない。里親としては，心身ともに健全であること，児童の養育に関して愛情と熱意をもっていること，経済的に困窮していないこと，児童虐待や児童ポルノなどの問題がないことなどが要件である。

希望者は都道府県知事に申請を行い，適切であるかどうかの調査を受ける。調査者は多くの場合家庭訪問を行い，里親を希望する理由や家族全員の意向，経済状態，養育環境などについて尋ねる。

里親の認定権限は知事がもつが，多くの都道府県では児童福祉審議会に里親としての適性を諮問し，その結果に基づいて認定を行っている。なお単身者や共稼ぎであっても，里親として適当と判断されれば，里親として認定され，里親名簿に登録される。

(4) 里親委託の手続き

児童相談所は保護者の不在や保護者から虐待を受け，家庭に帰せないと判断された子どもたちに対して，乳児院や児童養護施設，里親のなかで適切な生活場所を検討する。

その決定は，里親が養子を希望しているなどの里親側の要因もあれば，家庭で虐待を受けて情緒が不安定なため，安定した環境が必要であったり，対人関係の困難さから大集団を避けるためなど，子どもの側の要因が重視される場合もある。

里親への委託が予定されると，候補となった里親が乳児院等を何度か訪ね，両方ともが徐々に慣れてから委託が始まるなど，移行（マッチング）は慎重に行われる。

(5) 里親会活動

里親は自分の子どもを養育した経験をもたない人が多いため，子どもの発達や子どもの言動に戸惑うことも多い。また児童相談所から委託を受けるが，親類や近隣の人への説明，医療券の使い方など些細なことで戸惑うこともある。

そのため全国組織として全国里親会があり，各都道府県単位でも里親会が活動している。とくに最近は児童相談所に里親担当の児童福祉司や相談員などが配置され，委託を受けた里親同士の交流が盛んになっている。

そこでは，里親同士がいろいろな情報や知識の交換をすると同時に，委託を受けていない里親が，先輩里親の話を聞いて心の準備をしたり，連れてきた里子と遊ぶ機会を提供する場所にもなっている。

(6) 東京都の養育家庭制度

東京都は養子縁組を前提とせず，1ヶ月以上2年以内で子どもを家庭に迎

児童を被写体としたポルノ
児童を性的興味の対象とした，児童の裸体などを写真やDVDにおさめた記録物のこと。日本では「児童買春，児童ポルノに係る行為等の処罰及び児童の保護に関する法律」により規制されている。

え入れる制度として「養育家庭」制度を制定し，養育家庭支援員を配置して相談相手になったり，養育家庭支援センターを設置して，交流の場と積極的な支援を行っている。

　法的枠組みは里親と同じであるが，「子どもに家庭的な養育の場を保障する」という子ども中心の考え方や，サポート体制が充実しているのが特徴である。

(7) 養子と特別養子縁組

　里親に似た制度として養子縁組がある。養子については民法792条以下に規定があり，縁組により法的な親子関係が発生する。養子縁組は財産分与や扶養などを目的として成人間でも多く見られ，必ずしも子どもの養育を目的としたものではないが，未成年者を養子にするには家庭裁判所の許可が必要である。

　特別養子縁組は，民法817条の2以降に規定があり，養子となる子どもは請求時に6歳未満であり，過去6ヶ月間監護されており，25歳以上の夫婦が請求し家庭裁判所が許可することで，養子は元の血縁による親族との関係を終了し，養親との親族関係が開始される。

　すでに述べたが，里親希望者のなかには，この特別養子縁組を希望する場合も多い。

(8) 一時保護委託

　児童福祉法第33条第1項には，「児童相談所長は必要があると認めるときは……適当なものに委託して一時保護を加えさせることができる」と規定されている。その結果，児童相談所の一時保護所まで遠い場合や一時保護所に入所している子どもが多くて落ち着けない場合などに，里親に一時保護委託がなされる場合がある。

　松崎（2005）の報告では，一時保護委託を受け入れた里親の満足度は高く，再度の受け入れにも積極的であった。今後は，長期の里親委託だけでなく，短期間の一時保護委託においても，里親の活用が考慮される必要がある。

児童相談所一時保護所
　児童相談所が行う一時保護で保護された子どもを一時的に預かる場所。平成22（2010）年4月現在，全国204ヶ所の児童相談所に124ヶ所の一時保護所があり，平均24日間子どもたちが生活している。

(9) SOS子どもの村

　オーストリアに本部を置く世界的なNGO「SOSキンダードルフ」の理念に賛同した人たちにより平成22（2010）年に福岡市内に「SOS子どもの村福岡」が開設された。

　これは里親として個人が子どもを育てるという家庭的な養育を大切にしながら，里親の負担を組織的に支えるシステムを備えている点や，NPOを中心に企業などの賛同を得たバックアップシステムを図っているなど，社会的養護の新しいあり方を示している。

4. 家庭的養護（里親や小規模施設など）が直面する困難さ

(1) 退行（赤ちゃん返り）

　集団で生活している乳児院や児童養護施設から里親や小規模施設に移って

退行
　心理学の用語で、子どもが成長してすでに達成できた課題や行動が、以前の状態に戻ること。発達の後戻りをいい、赤ちゃんレベルまで戻ることだけでなく、思春期の子どもが幼児のように甘えたり駄々をこねることなどもふくむ。

くると、ほとんどの場合、退行（赤ちゃん返り）がみられる。これは新しい場面に対応するために、子ども自身がもう一度赤ちゃんからやり直しているようにも思える。とくに里親で幼児を受け入れる場合は、今までできていた事柄ができなくなり、時にはオムツや哺乳瓶が必要になるなどまったく赤ちゃんになる場合もあるが、その状態を受け入れることで新しい関係の基礎が生まれる。

　また本体施設でほとんど問題がなかった子どもが小規模施設に移ると、しばらくの間は今までにないさまざまな言動がみられ、職員が振り回されることもしばしばある。これも一種の退行現象と考えられる。

（2）名前・所属

　里子は戸籍上の名前をもっており、里親とは苗字が違う。また病院の診察券や学校での呼び名など、日常生活での呼び方をどのように行うかは、里親として悩む問題である。

　また小規模施設に入ってきた子どもに対しても、職員は、学校に入ってから、友人に自分の家族や入所のいきさつや現在施設に入っていることをどのように説明するか、悩む場合もある。

（3）真実告知

　養育している子どもに実親のことをどのように説明するかは難しい問題である。里親では実の親子関係でないことを、いつ、どのような形で子どもに説明するかが大きなテーマとなる。また小規模施設では、集団生活なので、養育者と実親は別であることの説明は必要ないが、子どもたちがどのような理由で実親から離れ、実親がどのような人であるかを、いつ、誰が、どのように、伝えるかは、同じように大きな課題である。

（4）実親との関係

　真実告知と関係するが、養育している子どもには実親がおり、場合によっては将来的に実親や親族に引き取られる可能性もある。とくに専門里親の場合には2年間という期限が決まっており、それ以外でも被虐待児の多くは小学生以降に入所するため、実親との関係は重要な課題である。

　里親も小規模施設も、社会的養護の一要素であり、委託を受けた里親関係が永遠に続くことはない。その自覚は、養育者も児童相談所職員も必要である。

（5）自立・分離

　児童福祉法は18歳未満が対象である。場合によっては20歳まで在所延長は可能であるが、基本的には高校を卒業後の援助は難しい。

　里親もグループホームも社会的養護を担っている立場であり、永遠に子どもを個人的に援助することは不可能である。家庭的養護は、子どもと職員や養親のかかわりが密接なだけに、分離・自立は大きな痛みを伴う場合もある。

5. 家庭的養護の今後の課題

　社会的養護のあり方として，小規模化や家庭的な養護の必要性がいわれながら，なかなか進まない。

　しかし児童虐待の増加やそれに伴う児童養護施設の充足率の上昇が，施設内虐待の発生や職員の疲弊など，さまざまな行き詰まりを生んでいる。このような現状は，今までの延長上での対応では対抗できない状況になっていることを示している。児童養護施設等の社会的養護の課題に関する検討委員会・社会保障審議会児童部会社会的養護専門委員会とりまとめでは，里親推進とグループホームの推進，本体施設の専門化の方向性が示された。そして将来的には（図7-2）のような形態になると思われる。

　家庭的養護を担うことは，大規模施設に慣れた職員には負担かもしれないが，実際に移行した施設での様子をみると，職員の勤務年数は延び，結果的に職員の対応力は向上している。

　また児童相談所一時保護所での対応困難場面を研究した有村（2006）は，「職員一人当たりの子ども数は常時4：1が必要である」という提案を行っている。

　日本で家庭的な養護を実現するためには，里親を増やすと同時に，または

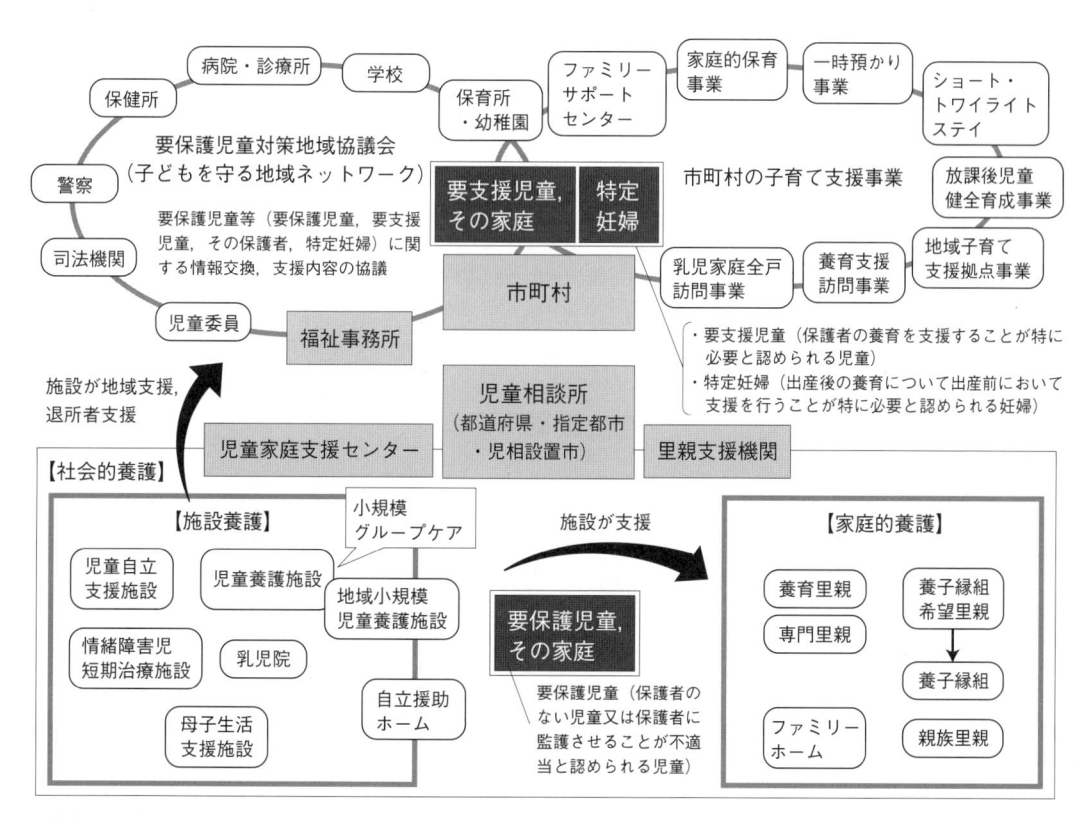

児童養護施設等の社会的養護の課題に関する検討委員会・社会保障審議会児童部会社会的養護専門委員会「社会的養護の課題と将来像（概要）」（平成23年7月）厚生労働省ホームページ

図7-2　これからの社会養護システム

それ以上に，施設の小規模化を急速に進める必要がある。児童養護施設も厚生労働省も，現行の社会的養護のシステムを根本から変えるという決意が必要な時期にきているであろう。

学習課題

1. 社会的養護において家庭的な養育が求められている理由について考えよう。
2. 里親委託の増加が求められている背景となかなか進まない背景について考えよう。
3. 小規模施設の内容を整理し，それぞれの特徴について考えよう。

参考文献

有村大士　2006　一時保護所の適正な職員配置と規模　平成18年度子ども未来財団児童関連サービス調査研究「児童相談所一時保護所の運営に関する調査研究（主任研究者：安部計彦）」報告書

柏女霊峰（監修）　2007　これからの児童養護―里親ファミリーホームの実践　生活書院

厚生労働省　2011　里親委託ガイドライン

厚生労働省　2011　「社会的養護の課題と将来像」児童養護施設等の社会的養護の課題に関する検討委員会・社会保障審議会児童部会社会的養護専門委員会取りまとめ

松崎佳子　2005　委託一時保護の活用と課題　平成17年度厚生労働科学研究費補助金「児童虐待等の子どもの被害，及び子どもの問題行動の予防・介入・ケアに関する研究（主任研究者：奥山眞紀子）」報告書

高橋利一（編著）　2002　子どもたちのグループホーム―地域小規模児童養護施設の実施にむけて　筒井書房

山田勝美・塩谷恵美　2005　地域小規模施設の運営体制と退所児童の実態　平成17年度厚生労働科学研究「要保護年長児童の社会的自立に関する研究（主任研究者：村井美紀）」報告書

湯沢雍彦（編著）　2005　里親入門―制度・支援の正しい理解と発展のために　ミネルヴァ書房

全国児童養護施設協議会制度検討特別委員会小委員会　2003　子どもを未来とするために―児童養護施設の近未来　全国社会福祉協議会

自立援助ホーム

　児童養護施設等児童福祉施設は児童福祉法に基づいて制定されるため，18歳を超えた子どもの保護は困難である。しかし児童養護施設に入所する子どもは，保護者の養育が困難であることが理由のため，高校を卒業して就職したあと，失敗したら帰るところがない。

　そのため児童福祉法第6条の2で「児童自立生活援助事業」を定め，共同で生活しながら日常生活の援助や生活指導，相談などを行っている。このような施設を一般に「自立援助ホーム」と呼んでおり，平成21（2009）年3月末現在全国で54ヶ所が設置されている。

　その形態は，定員20人というホームもあるが多くは定員6人で，地域で共同生活をするという地域小規模児童養護施設と似ている。また社会保障審議会児童部会社会的養護専門委員会の報告書においては，その重要性から，入所対象の拡大や各都道府県への設置の義務化，財政援助の拡大などが答申されている。

養護の基本原理と技術方法論 8

1. 施設における日常生活の指導

　子どもの日常生活は，衣食住の基礎的なニーズの充足と余暇活動レクリエーション，学習，健康，誕生会やクリスマス会などの施設内での行事，クラブやアルバイトなど地域での活動，家族との交流などさまざまな要素から構成されている。

　居住型施設で暮らす子どもたちは，こうした日常生活を保育士や児童指導員と共に過ごしながら生理的・心理的・社会的欲求を充足し，基本的な生活習慣を確立し生活技術を習得して，社会人として自立していくための総合的な生活力を養っている。

　施設の職員は子どもとの信頼関係を形成し，親子分離からくる心理的な負担と心身の障害や情緒・行動上の諸問題を抱えている子どもが情緒的・身体的に安定した日常生活が送れるように援助している。

(1) 衣生活

　衣服は暑さ・寒さや危険から身体を守るだけではなく，髪型などとともに子どもの自己主張や自己表現の手段でもあり，子どもの自尊心と自己存在価値の感情を育てることにもなる。職員は地域の子どもたちとかけ離れたものにならないように配慮し，体型・趣向に応じた衣服を購入している。

　ファッションについては年少の子どもも興味をもっているので，子どもと職員が一緒に買い物に行って衣服の選択をできる機会をつくり，子どもの個性にあったものを身につけるように助言している。年長になるにしたがって買い物も子ども自身に任せて，学校の指導や校則を考慮した衣服の選択ができるように援助している。

　また衣生活の援助には，洗濯やかたづけなどの援助もふくまれる。職員が子どもの衣服をていねいに洗濯して清潔を保つことは，子どもへの愛情を表現し，子どもも職員への信頼を深める。このような日常援助を職員が行うことで子どもは衣生活について理解し，年齢や個々の発達状況に応じた生活技術として身につけていく。

(2) 食生活

　食生活は日常生活において重要な要素であり，子どもの心身の安定と成

居住型施設
　利用者が長期にわたって施設に入所して，日常生活を営みながら生活障害を軽減させるために，職員による養護，療育，教護などの人的サービスと食事，衣服，車いすなどの物的サービスを提供している施設。

親子分離による心理的負担
　子どもが居住型施設で親と別れて生活することは，すべての子どもにとって心理的負担であり，心身の成長・発達に与える影響は大きく，親との継続的なかかわりや日常生活を通した心身の安定が必要である。

長・発達を促進する。

施設での食生活は、栄養士や調理師によって子どもの成長・発達に必要なエネルギーや栄養を得るのに必要な献立が考えられている。

食事の場面では、保育士や児童指導員が生活を共にする子どもたちが食卓で楽しく、和気あいあいとした楽しい雰囲気で食事をできるように配慮している。そして、子どもの成長・発達に応じた食器の選択や食事中の姿勢、適切な会話、箸の使い方などのテーブルマナーが身につくように援助する。このように調理、配膳、後かたづけやテーブルマナー、適切な栄養の摂取方法を学ぶことで子どもが自立して食生活をおくる力を身につける。

また、それぞれの施設の形態によって食事の提供の仕方や子どもたちの食事へのかかわり方が異なっている。

たとえば、大舎制の施設では調理室で調理担当職員が調理をし、食堂で子どもたちは保育士や児童指導員と一緒に大人数で食事をとる。食堂からは調理室の様子がみえたり、子どもたちは調理担当職員と話をし、調理を手伝うなど建物の構造や食堂の雰囲気づくりが工夫されている。

また施設では栄養に配慮するとともに、子どもの嗜好や季節・行事の料理、それぞれの地域の郷土料理など、子どもの意見を活かした献立づくりが行われている。

小舎制の施設やグループホームなどケアの形態が小規模な施設では、子どもたちが保育士や指導員と一緒に食料品店に買い物に行って献立を考え、調理の手伝いをして少人数で食事する（図8-1）。実際に調理の場面に子どもが参加することで基本的な調理技術を習得できるように援助している。この他にもおやつや誕生会、バレンタインデー、クリスマスなどに合わせてお菓子づくりの機会を設けたりしている。

調理の担当職員と子どもの担当職員はそれぞれの役割を分担して、乳児や障害児、子どもが病気のときなど、子どもの状況に合わせた献立・調理・食事についてコミュニケーションを取り、個別的な食生活の援助を行っている。

大舎制
子どもが大きな建物に一緒に居住し、小グループに分かれることなく、食堂に全員が集まって食事するなど集団生活を送る施設の形態。

小舎制
子どもの生活集団を7〜15人くらいにして、一般住宅に近づけた家庭的な雰囲気の中で処遇を行う施設の形態。食事、入浴、洗濯などはすべて小舎内で行う。

グループホーム
専門職員の援助を受けながら少人数の子どもが地域社会の通常の住宅で生活する施設の形態。里親型の「小規模住居型児童養育事業」と施設分園型の「地域小規模児童養護施設」がある。

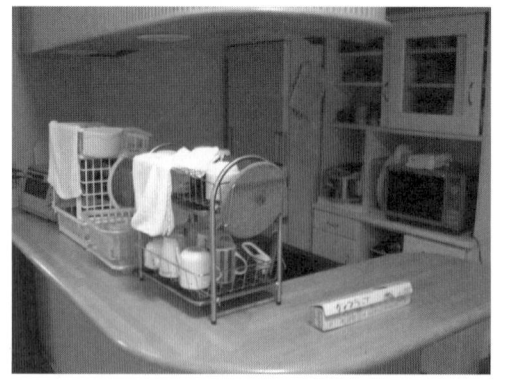

図8-1 対面式のキッチン

(3) 住生活

前項でみたように児童福祉施設には大舎制や小舎制など施設によって建物の形態に違いがある。施設ではこのような設備環境を工夫しながら子どもの

住生活に配慮している。

　住生活では，子どもが生活しやすいように自分の生活環境を整える力を身につけることが大切である。それには，共有スペースの他，子どもの居室，個別の収納スペースや学習机などの生活空間が確保され，できる限りプライバシーに配慮した居住環境の整備が求められる（図8-2）。施設では集団生活なので制限される面もあるが，子どもはおもちゃや学習教材，衣服など自分の持ち物を入所の際に持ち込んだり，施設生活のなかで購入する。それら個別の持ち物を収納して自分で管理することで，物への愛着をもち，他人の持ち物や共有物への配慮が生まれてくる。

　年長児には個室あるいは2人程度の居室，その他の子どもにも個別化しやすい居室構成が求められる。施設の住生活では，建物の構造や子どもの入所状況などさまざまな制限が生じやすいが，子どもが快適に生活できるように可能な限り工夫をしている。他の子どもにじゃまされず一人きりになれる空間は，自分の感情を整えて気持ちの安定を得るのに必要不可欠である。

図8-2　児童の居室

　住生活における職員の援助は，生活を共にしている保育士や児童指導員が子どもと一緒になって居室や共有スペースの清掃や整理・整頓をして，心地よい居住環境をつくることによってその大切さを理解していく（図8-3）。

　施設の改修や改築の際には，子どもたちが自分たちの住生活の問題として快適な環境となるように職員と一緒になって考えていくことも必要である。

図8-3　共有スペース

（4）小遣い

　児童福祉施設に入所している子どもには，毎月決まった金額のお小遣い（生活指導訓練費）がある。金額は施設によって違うが，おおむね小学生1,000円～2,000円，中学生2,000円～4,000円くらいである。このお小遣いでお菓子や本，服などを購入する。

　また，高校生になると社会勉強や高校卒業後の生活に備えるためにアルバイトをする子どももいる。自分で管理可能なお金については，自分でお小遣い帳などをつけて管理することで適切な金銭感覚を養う。

（5）しつけ

　しつけは，子どもの人間形成の基礎となる重要なものである。しつけは基本的な生活習慣や生活技術，礼儀作法を学んで身につけるだけではなく，自己実現をめざして他者と接して生きていくことにつながっている。

　職員は，身近な大人として子どもが日々の生活体験から基本的な生活習慣や生活技術，礼儀作法を習得し，実践していけるように援助する。

表8-1 児童養護施設の一日の流れ

時　　間	平　　日	時　　間	休　　日
6：30	起　床	7：30	起　床
7：00	掃　除	8：00	朝　食
7：30	朝　食	9：00	自主学習
8：00	登　校	12：00	昼　食
15：00	下校／おやつ	13：00	自由時間
17：00	掃　除		
18：00	夕食／入浴／自由時間	18：00	夕食／入浴／自由時間
20：30	中高校生自主学習	20：30	中高校生自主学習
～21：00	小学生就寝	～21：00	小学生就寝
23：00	中高校生就寝	23：00	中高校生就寝

(6) 生活リズム

　子どもが安定した生活を送るためには、規則正しく過ごすことが大切である。子どもが家庭の外に出て友達と遊び、勉強をし、帰ってからは自分の好きなことをして過ごし、十分な睡眠や休息をとることは子どもにとって重要な生活の内容である。大人は、子どもが生活を組み立てて他者と接することで成長・発達をとげ、生活力が向上するように支援している。

　児童福祉施設の子どもも、表8-1の児童養護施設の一日の流れにあるように同じような生活リズムで一日を過ごしている。ただ、児童福祉施設は他の子どもと共同生活をしている場なので、共に快適に過ごすために最低限のルールが必要である。しかしあまり多くのルールがあると、施設での生活は管理的になり、子どもの生活力は向上しない。職員には子どもと話しあいをして、みんなが心地よく生活していくために必要なルールを決める配慮が求められる。また、休日は友達の家に遊びに行ったり、買い物に出るなど自由に時間を過ごすことで、平日とは違った変化を子どもの生活に与えている。

(7) 性教育

　子どもは発達途上の存在であり、社会的に自立した大人に成長するために適切な性教育を行うことが必要である。性教育には、男女の性差や性行為、男女平等に関することがある。男性であること、女性であることによる差異を理解するとともに、同等の権利を有してその人がその人らしく生きていくために大切な教育である。それは日々の生活のなかで、学び、選択し、体験しながら獲得していくものである。それは親子関係や恋愛、結婚・離婚、生い立ちについての会話や入浴の場面、生き物の世話など日常の生活場面で行われている。職員は、毎日の生活のなかで子どもや職員自身が話しやすい関係をしっかりと築いておくことである。

　性教育は、子ども一人ひとりの成長と発達段階に応じて個別的な場面と集団的な場面での支援が求められる。たとえば思春期にあらわれる男子の変声や射精、女子の乳房の発達や月経といった身体的な特徴への対応がある。職員は、思春期をむかえる子どもたちを対象にして、第二次性徴が子どもから大人の身体へと変化しているあらわれであることを話すことである。個別的には、実際に変声期をむかえた子どもに対して子どもと共に成長を喜び、子ども自身がやがて大人となる自分の姿をイメージするように励ます支援が課題となる。

第二次性徴
　生物的な性による身体的な特徴の違いをいう。子どもが母親の胎内にいるときにあらわれる男と女の違いを第一次性徴といい、変声や生理などの発達を第二次性徴という。

(8) 余暇活動レクリエーション

　子どもにとって遊びは学習であり，暮らしの大部分を占めていることから生活そのものといわれている。遊びを通した子ども同士のかかわりあいは，相手から刺激を受けて社会性を身につけるよい機会である。

　児童福祉施設には日常の遊びの他に，花見や子どもの日，キャンプ，スポーツ大会，ひな祭り，誕生会などのレクリエーション（施設行事）がある。このように施設では，日常の遊びと施設行事を通して子どもが自己表現をできるように支援する。施設で行事を行うことで，日常の単調な生活に刺激を与える。

　また，施設の子どもが地域の子ども会活動や学校活動に参加したり，児童福祉施設のレクリエーションに地域の人たちが参加する取り組みがみられ，子どもの社会性を高めている。

(9) 学　　習

　学習は，施設の子どもにとって高校や大学などで教育を受ける機会をもち，社会的な自立を図るのに不可欠である。

　学習に関して施設の子どもには，学力と学習意欲の問題があげられる。学力の問題とは，多くの子どもは不適切な家庭環境での生活を経て施設に入所しており，学習習慣が身についておらず，学力が低い傾向にあるという問題である。そしてこのような環境で育った子どもは，自己肯定感がもちにくく，何事に対しても諦めが先にきてしまい学習意欲を失いがちであるという問題につながる。

　施設では，職員が個々の児童の学習習熟度に注意して学習意欲を育て，学習習慣を身につけて基礎学力の充実を図る機会を設けている。学習指導に関しては，大学生や地域住民の学習ボランティアの協力によって子どもの適性に合った学習を行っている。このような施設職員以外の大人とのかかわりは，子どもの社会性を高める機会にもなる。

　学校教育については，児童養護施設では地域の小学校・中学校に通うが，情緒障害児短期治療施設や児童自立支援施設では，施設がある地域の小・中学校の分教室または分校として施設内に設置している場合もある。施設内の分校・分教室には教育委員会から教員が派遣され，学級を運営している。

(10) 健康（心身）

　保育士や児童指導員は，毎日子どもと接するなかでその様子をしっかりと観察して心身の状態（既往症・予防接種の状況やアレルギーなど）を把握している。衛生面では，入浴や手洗い・うがい，歯磨き，つめ切り，耳掃除など子どもの清潔を保つように援助している。

　また，子どものケガや病気に対応できる十分な家庭看護の知識や思春期を過ごす子どもの精神的な安定を図るなど保健面での援助も不可欠である。そして子どもが年長になるにつれて自分自身で自己管理できるように支援している。

(11) 保護者への対応

　子どもが保護者と離れて生活することは，悪循環に陥っていた親子関係を

家庭支援専門相談員
　家庭支援専門相談員（ファミリー・ソーシャルワーカー）は乳児院，児童養護施設，情緒障害児短期治療施設，児童自立支援施設などに配置されている。

お互いに見直す機会となる反面，保護者の生活と子どもの生活が別々になることで親子関係が希薄になる可能性がある。このため，子どもの居場所が家庭になくなってしまうことがないように子どもや保護者の状況に応じて週末帰宅や1日外出を実施して親子関係の再確認をする機会を設けている。

　施設では，家庭支援専門相談員（ファミリー・ソーシャルワーカー）が子どもの親子関係に配慮し，家庭復帰を図っている。家庭支援専門相談員は，子どもの家族と面接してそれぞれの悩みを解決する援助や子どもが家庭復帰したときにどのように関係づくりをしていったらよいのか，といったことについて一緒に考える。施設によっては施設内に子どもと一緒に宿泊できる部屋を備えているところもあり，子どもと保護者が一緒に過ごしながら親子関係の再構築を図っている。

(12) 保育士の役割

　児童福祉施設における保育士の役割は，衣食住の生活を通した日常の生活援助を中心に子どもの生活領域全般にわたっている。子どもの生活の営みにおいて毎日くり返される家事援助（炊事，掃除，洗濯など家庭生活に必要な仕事）を通して，子どもたち一人ひとりの安心・安定した生活を確立し，個々の子どもたちが基本的な生活習慣を獲得し適切な成長・発達をとげる過程を支えている。

　保育士が子どもと接するにあたっては，信頼関係を形成することが何よりも重要で，そのためには子どもの基本的人権を尊重し，子どもの最善の利益を考慮した支援が求められる。

(13) 進路の問題

　昭和48（1973）年に「特別育成費」が創設されてから，児童養護施設に入所している子どもの高校進学率は上がった。表8-2の「児童養護施設在籍児童の中学校卒業後の進路に関する調査」によれば，平成17（2005）年には中学校卒業後の高等学校等進学率は87.7%であった。しかし，全国の高校等進学率が97.6%とほとんどの子どもが高校などに進学していることを考えると，まだ差が大きいともいえる。

高等学校等進学率
　高等学校等進学率とは，全日制・定時制の高等学校や特別支援学校高等部，高等専門学校をふくむ。

中退率
　中退率とは，在籍生徒数に占める中退者の割合である。

　さらに高校などに進学できても中退してしまうという問題がある。全国の全日制の公立と私立高校の中退率が2.1%であるのに対して，児童養護施設の中退率は7.6%であった。施設の子どもが中途退学をするとその後の進路を就職に変更して措置解除となる場合が多く，子どもの自立を支援するという考えからも問題である。中学卒業時の進路選択の際の適切な進路指導と進学後の支援が必要である。

　また，平成17（2005）年に高校を卒業した子どもの75.1%（631人）が就職で，4年制大学や短期大学に進学した子どもは9.3%（78人）であった。こ

表8-2　高校等進学者の比較

	全　国		児童養護施設	
卒業者数	1,236,363人	100.0%	1,703人	100.0%
高等学校等進学者	1,207,162人	97.6%	1,493人	87.7%

（全国は「学校基本調査」で2005年5月1日現在，児童養護施設は2005年4月1日現在）

れは子ども自らが現在の状況や家庭環境などを考えて早く社会に出て自立した生活を送らなければならない現実があると思われる。そして，進学した子どもも学費は各種奨学金の利用が最も多く，学業を継続するための経済的な生活基盤は弱いといわざるを得ない。

2. 児童福祉施設における援助

　児童福祉施設における支援は，職員と子どもとが生活を共同することで子どもの成長・発達を促し，自立を図ることであり，それにあわせて子どもと家族の関係を調整することである。

　支援の実際は，保育士の役割の項でみたように，子どもとの衣食住の生活を通した日常の生活援助である。日常の生活援助の基本となるそれぞれの場面で，子ども一人ひとりの発する言葉だけではなく，表情や行動にあらわれる内面的な感情の表出にも注目し，個別的な子どもの気持ちを十分に受けとめながら，必要な支援を意図的に提供していくことである。

　児童福祉施設は子どもと職員による集団生活の場であるが，居住型施設での支援は，日常の生活援助を基本としている。このため職員と子どもが一緒に過ごすことで愛着関係を成立しやすい。その反面，子どもと職員の関係が密着化しやすい。職員と子どもとの関係は一時的な援助関係であって，一定の距離をおいた関係を形成することが重要である。このため職員には，子どもの生活援助を担おうとする客観的な視点と子どもの最善の利益を考慮したかかわりが求められ，援助技術は職員を支えるための技術的な方法である。

(1) ケースワーク

　ケースワークは個別的な支援で，子どもの存在をありのままに認め，子どもの強いところ（ストレングス視点）に注目したかかわりが大切である。

　ケースワークは日常の生活場面で子どもの成長・発達につながる課題を見極めることから始まる。衣食住の生活を通した子どもとの直接的なかかわりのなかで子どもが獲得すべき課題や個別的なニーズは何かを考え，子どもだけに目を向けるのではなく，その子どもが生活する集団や学校，地域，家族をも含めた環境を考える。このような子どもとその周りの環境との相互作用によって子どもが成長・発達することを意図して児童自立支援計画を作成して支援を実践する。

(2) グループワーク

　児童福祉施設は施設での集団生活の機能を積極的に活かし，仲間とともにお互いが助けあい，協力しあい，刺激しあって，将来への自立に向けて協力できるような支援を行う。

　施設は子どもの年齢に幅があるので，異年齢の関係が形成しやすい集団である。たとえば，就学前の子どもや小学校低学年であれば，保育士や児童指導員の働きかけが多くなるが，小学校高学年は中高校生から遊びを教わり，中高校生はそれを見守りながらお互いに刺激を受けることが多くなる。この相互作用によってグループダイナミクスが発揮されることで子ども自身の自

ストレングス視点
　子どものできないことに焦点をあてるのではなく，生得的な才能や，獲得した能力などに焦点をあてて強調する視点。

児童自立支援計画
　生活指導や職業指導，家庭環境調整などの援助について子どもや保護者の意向，関係機関の意見などをふまえて作成する子どもの自立を支援するための計画。

己肯定感を深め，他者との人間関係を形成する力となる。

---学習課題---
1. 施設における日常生活の指導のポイントを整理しよう。
2. 子どもが生活をおくるうえで，とくに食事や生活リズムが大切だといわれるが，その理由について考えてみよう。
3. 児童の自立支援計画を立てるときに，保育士として配慮すべき事柄についてまとめてみよう。
4. 子どもの進路について，その課題をあげ，その関連の制度面も含めて考えてみよう。
5. ケースワークとグループワークの違いについてまとめよう。

参考文献
浅井春男　1987　児童養護の新たな展開　あいわ出版
福永博文（編著）　2009　養護内容　北大路書房
岡本夏木　2005　幼児期　岩波書店
植田　章・岡村正幸・結城俊哉（編著）　1997　社会福祉法方原論　法律文化社
吉浦　輪　2008　社会福祉援助学　学文社

Ⅲ 児童養護の理念とその展開

児童養護の理念　9

1. 児童養護とは

「養護と名のつくものをあげてください」と言うと，まず「養護の先生」「養護学校・学級」「養護老人ホーム」と返ってきて，「養護施設」という答えがなかなか出てこない。ここでは児童福祉法（昭和22年12月12日）に規定されている「養護」について説明する。

児童福祉法は第2次大戦直後，日本国憲法，教育基本法，学校教育法と同じ年に施行された基本的法律で，その第1条に児童福祉の理念を掲げ，「①すべて国民は，児童が心身ともに健やかに生まれ，且つ育成されるように努めなければならない。②すべて児童は，ひとしくその生活を保障され，愛護されなければならない」と述べている。

「愛護」ということばは制定当時は新鮮に感じたが，その後，愛護がいろいろなところで使用されるようになり，児童福祉の領域ではあまり使われなくなり，代わって養護という用語が使用されるようになった。

(1) 養護ということ

この用語は児童福祉法の制定と同時に出てくる。それは児童養護施設という名称であるが，一般には孤児院という呼び方で知られていた。児童福祉法第41条に「児童養護施設は，乳児を除いて，保護者のない児童，虐待されている児童その他環境上養護を要する児童を入所させて，これを養護し，あわせてその自立を支援することを目的とする施設とする」と規定している。

養護の意味について述べると，『常用字解』に，養とは「食物を供えて養うの意味。用例として養育…養い育てること，養護…養い世話をすること」と説明してある。

(2) 養育について

児童福祉法第37条で「乳児院は，乳児（保健上その他の理由により特に必要のある場合には，おおむね2歳未満の幼児を含む。）を入院させて，これを養育することを目的とする施設とする」と規定し，養護と養育を使い分けている。育と護を『常用字解』で調べると，育には「子をうむ，そだてる，そだつ」の意味があり，護には「監視し，守る」という意味がある。愛護，養護，養育を整理すると，

愛護…かわいがって大切にすること
　　養護…養い世話をすること
　　養育…養い育てること
となる。

(3) 児童について

　児童の年齢区切りについて，わが国の法律ではそれぞれ異なっている。児童福祉法では「第4条　この法律で，児童とは満18歳に満たないものをいい，児童を左のように分ける。①乳児　満1歳に満たないもの　②幼児　満1歳から，小学校就学の始期に達するまでの者　③少年　小学校就学の始期から，満18歳に達するまでの者」と規定している。しかし，最近では児童福祉法第31条の2項で，満20歳に達するまでの児童に対して，社会的自立すなわち社会を担う市民となるまで拡大している。また重症心身障害児の場合は，社会生活に順応することができるようになるまで引き続き施設に在所させることができるとしている。

2. 児童養護実践の場

　児童の場合，生物として生まれた乳児が幼児，少年と成長し，自分の社会的存在を自覚できるようになるまでの過程，すなわち自立の過程を児童養護の場と考えると，単に施設利用だけでなく，家庭養護，在宅養護，地域社会による養護といった広い領域に及ぶことになる。児童養護の実践される場を表示すると図9-1のようになる。

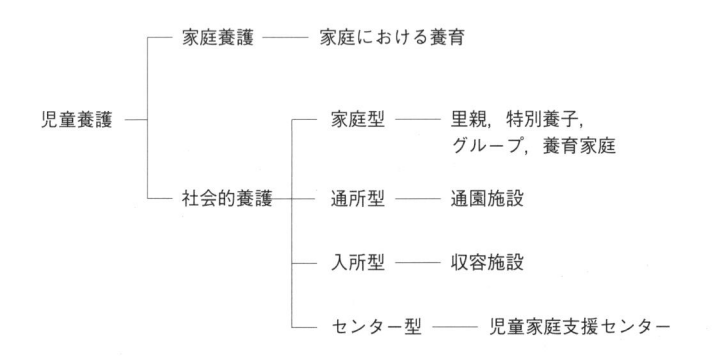

```
                ┌─ 家庭養護 ── 家庭における養育
                │
                │              ┌─ 家庭型 ── 里親，特別養子，
                │              │           グループ，養育家庭
児童養護 ───────┤              │
                │              ├─ 通所型 ── 通園施設
                └─ 社会的養護 ─┤
                               ├─ 入所型 ── 収容施設
                               │
                               └─ センター型 ── 児童家庭支援センター
```

図9-1　児童養護実践の場（全国社会福祉協議会，2000）

3. 子ども観の変遷

　子ども観とは大人が子どもをどうみるかというその見方，またそのみられた子どもの像（すがた）のことである。親や大人の子どもとの接し方は，その時代と社会の子ども観によって違ってくる。これまでの子ども観の変遷についてまとめる。

(1) 大人中心の子ども観（子どもは大人を小さくしたものである）

この子ども観は古くから明治時代まで続いた子ども観で，大人の基準で子どもをみる見方で，子どもはあらゆる面で不満足で，欠けており，どうしようもない存在ということになり，厳しくしつけなければならない，といった厳格な指導となってくる。

(2) 子ども中心の子ども観（子どもは子どもである）

大正時代に盛んになった子ども観で，フランスのルソー（Rousseau, J.-J. 1712-1778）の「すべての教育は自然による教育に導かれねばならない」との考えから，子どもの自由を尊重し，子ども中心の考えを展開した。この思想が日本に明治末期から大正期にかけて紹介され，子ども中心の子ども観が形成され，大正デモクラシーの事態を招いたが，ややもすると自由放任の風潮を生み，反省されるようになった。

(3) 社会中心の子ども観（子どもは大人になりたがる）

昭和の初め頃から中期にかけて，国家ということが強調されるようになり，国民意識の形成が要求されるようになり，大人になることは素晴らしいことであると強調され，子どもも大人になりたがったが，社会の期待が過剰となり，この傾向も子どもたちに無理を生じるようになり，いじめや引きこもりやキレるといった現象を出現させた。

(4) 権利中心の子ども観（子どもは人権をもっている）

昭和26（1951）年5月5日児童憲章が制定され，昭和34（1959）年の国連総会では「人類は児童に，それがもっている最良のものをあたえなければならない」とうたった「児童権利宣言」を満場一致で採択し，その20周年にあたる昭和54（1979）年を国際児童年とし，児童権利宣言の実現をめざすこととした。その後，わが国では平成6（1994）年に「児童の権利に関する条約」が批准され，児童の権利が初めて法律として認められた。これからは子どもは人権をもっているという権利中心の子ども観によって，いろいろな施策や養護が展開される。権利中心の子ども観は21世紀の新しい子ども観である。

4. 児童養護の歴史

児童養護の歴史は子ども観の変遷にともなって，古代から現在に至るまで変化してきた。

(1) 古　代

古代では何か困った問題のある子どもは遺棄されることが多かったようである。旧約聖書に出てくるモーセの十戒で知られる，あのモーセもエジプトにおいて，イスラエル人の迫害時代に生まれたため，パピルスの茎で作った籠に入れてナイル川の支流に流された。しかし，幸運にもエジプトのファラオの娘に救われ，「モーセ」と名づけられ，王宮の人となったと記されている。また，ギリシャ神話ではスフィンクスの謎を解いたことで有名なエディプス

王の話がある。彼は「父を殺し母を娶る」との予言があったとのことで，キタイロン山に捨てられたが，命は取りとめ，拾われたコリントスの王ポリュポスに育てられた。障害のある子どもの場合は，プルターク英雄伝に，スパルタの立法者リュクルゴス（Lycurgus 年代不詳）の法典で「赤子が生まれると葡萄酒で産湯を使わせ，痙攣を起こす子はターユゲントの麓にあるアポタイという深い淵のようなところにやってしまう」ように規定している。このようなことは古事記のなかにも「ここに伊邪那岐命詔りたまひしく『然らば吾と汝とこの天の御柱を行き廻り逢ひて，みとのまぐはひせむ』とのりたまひき。かく期りて，すなはち『汝は右より廻り逢へ，我は左より廻り逢はむ』と詔りたまひ，約りおえて廻る時，伊邪那美命先に『あなにやし，えをとこを』と言ひ，後に伊邪那岐命『あなにやし，えをとめを』と言ひ，各言ひおえし後，その妹に告げたまいしく『女人先に言へるは良からず』とつげたまひき。然れどもくみどに興して生める子は，水蛭子，この子は葦船に入れて流し去てき。次に淡島を生みき。こも亦，子の例に入れざりき」と記されている。

(2) 中　世

　中世は宗教の時代だが，キリスト教，仏教，イスラム教においても，現代の学問的性格が強く，児童養護ということでは古代の名残もある。謡曲のなかに雲雀山とか蝉丸などがあり，遺棄の場面がみられるが，教会や寺院に慈恵の理念が出てくる。聖徳太子（574-622）は四天王寺に 591 年，四箇院（施薬院，療病院，悲田院，敬田院）を建立して，社会福祉事業を興している。その中の悲田院は貧窮孤独な人を住まわせ，衣食住を保障し，元気をとりもどすと，四箇院の仕事を手伝わせたといわれている。敬田院は悪事をしてしまった人に罪のつぐないをさせ，善事への修養の場として活用された。その後，律令制度の中で 712 年に養老戸令が制定され，「賑給制度」として次のように規定している。賑給（めぐみをあたえる）の対象者として「およそ，やもお（61 歳以上の妻なき者），寡（50 歳以上の夫なき者），孤（16 歳以下の父なきもの），独（61 歳以上の子なきもの），および貧窮な老（66 歳以上），疾（疾病者）のもので，自ら生きていくことのできないものは，近親が養うことを命令する。もし，近親がない場合は，その里で救済することを命令する」とされており，親族および村落内での扶助が強調され，その後のわが国の救恤（すくいめぐむ）行政に影響を与えている。このなかで児童養護の対象者は「孤」に当たる。

(3) 近　世

　近世は共済・相互扶助の時代である。ヨーロッパではルネッサンスや産業革命を経て，産業も盛んになるが，一方で貧困や児童の労働の問題等も出てきて，児童養護の問題が生じてくる。しかし制度としてはまだ未発達である。わが国では徳川時代に当たる。徳川幕府（1603-1867）が江戸に開かれて約 260 年間，大きな戦乱もなく，平和であり，孤児も比較的少なかったし，封建制であったので，中世からの村落の相互扶助組織の制度化を行い，元禄 3（1690）年幕府は棄児の禁止を命じ，棄児を捨てられた地域で養育するように指示している。

(4) 近　　代

　近代は救済の時代である。明治維新（1868）により，わが国は西欧諸国の制度を見習って，近代社会の構築に努力した。福祉の面でも明治7（1874）年に太政官達として「恤救規則」（めぐみ援助する）が制定され，児童に対しても，そのなかで「極貧独身ニテ13年以下ノ者ニハ1ヵ年米7斗（約105kg）ノ積ヲ以ッテ給与スヘシ……」と条文に規定され，政府の制度として養護されるようになってきた。キリスト教に対する弾圧は明治6（1874）年キリシタン禁制が解かれるまで約200年以上にわたって続いたが，キリスト教徒の石井十次（1865-1914）は博愛精神に基づき明治20（1887）年岡山に「檻褸軒下学校」，後の岡山孤児院を開設し，子ども20名を収容している。明治24（1891）年に濃尾大地震があり，多くの震災孤児が出たので，名古屋に震災孤児院を開設し，救済に当たり，1年後には閉鎖するが，そのときの子どもたちすべてを岡山孤児院に移し，子どもの数は一挙に93名に増えている。その後，岡山孤児院は発展し，石井十次が宮崎県の出身であったので，宮崎にも孤児院を建て，昭和の初めには2,000名を収容していた。

　同じキリスト教徒であった石井亮一（1867-1937）は立教女学校の教頭をしながら，濃尾大震災の際，自ら出向いて孤児の女子を引き取り，自宅で養育し，それを「孤女学院」と名づけた。そのなかに2名の知的障害児がいたことから，知的障害児の教育に専念することを決意し，明治25（1892）年東京滝乃川村にわが国最初の知的障害児施設「滝乃川学園」を設立し，セガン（Seguin, E. O. 1812-1880）の「生理学的教育」を実践し，とくに宗教教育，労作教育を中心とし，臨床心理学に基づいた処遇に力をいれた。

　留岡幸助（1864-1934）は同志社神学校を卒業後，明治24（1891）年教誨師として北海道空知の集治監（刑務所）に滞在し，成人と児童が混合収容されているのに疑問を感じ，囚人に対して威嚇や復讐主義ではなく，教育主義をとることを主張し，明治32（1899）年東京巣鴨に，民間の感化院「家庭学校」（児童自立支援施設）を設立し，家庭的な感化を中心に，職員も子どもたちと共に生活する小舎別寮制を採用し，家庭主義の方針をとり，家庭即学校，自然環境の重視，精神生活の基本として宗教を据えた。

　昭和9（1934）年皇太子生誕（現天皇）の折には，皇室下賜金を基礎にして「母子愛育会」が設立され，昭和10（1935）年に「全国児童愛護週間」が設けられ，昭和12（1937）年に「母子保護法」が成立し，昭和13（1938）年1月には厚生省が内務省から独立して，児童養護も国の制度として整ってきた。

(5) 児童福祉法の成立

　現代は児童愛護の時代である。第2次大戦直後（昭和20年8月）から1～2年間，最大の問題は子どもたちの保護をめぐる問題であった。戦争によって家族や親を失った戦災孤児，引き揚げ孤児等の生活の場は保障されておらず，街頭で浮浪する他はなかった。また劣悪な環境のもとで，健康・衛生状態もひどく，病気事故も多発し，青少年犯罪も激増していた。前にも述べたが，憲法施行，学校教育法制定と同じ年，昭和22（1947）年児童の愛護を尊重した児童福祉法が実施され，今日に至っている。

5. ノーマライゼーション（normalization）

　ウォルフェンスベルガー（1982）は，「可能な限り，文化的に通常である身体的な行動や特徴を維持したり，確立するために，可能な限り文化的に通常となっている手段を利用すること」としている。「通常化や正常化」と邦訳されるこの概念は1950年代のデンマークの知的障害者に対する巨大な収容施設での保護による弊害の批判や反省のなかから出てきたもので，知的障害者協会の会長バンク・ミケルセン（Bank-Mikkelsen, N. E.）が「知的障害者に可能な限り，普通の人に近い生活を確保させる」という主旨で，デンマークの知的障害者サービスを規定した1959年法に，この原理が盛りこまれた。1969年には，スウェーデンのニリエ（Nirje, B.）はこの基本的原理として「正常な日々，および1週間，1年間のリズムが保たれること，一生涯を通じての通常な発達の機会の保証，知的障害者の無言の要望や自己決定の表現の尊重，男女両性のある世界で暮らすこと，正常な経済生活・住環境水準の保証等」をあげている。

　これらの考えは北欧から，北アメリカに導入され，前述のウォルフェンスベルガーはノーマライゼーションの原理の意義を2つの次元と3つの活動レベル（表9-1）に整理している。

　要するにこの原理は，知的障害者のニーズの充足に加えて，平均的市民の住宅，所得，教育等の標準的生活水準を知的障害者にも保障することを意味し，劣等処遇の原則（公的な福祉サービス利用者の生活は，平均的生活水準よりも絶対的に下であるべきとする原則）の否定を前提として成り立っている。

表9-1　ノーマライゼーション原理の2つの次元と3つの活動レベル（ウォルフェンスベルガー，1982）

活動のレベル	活動の次元	
	相互作用	理解
個人	直接的な物理的・社会的相互作用を行って，本人から通常のスキルや習慣を引き出したり，形成したりする。また本人を通常の状態に維持する。	他人と本人との差異より類似性を強調する。他人と本人とを同じように支援したり，呼称したりする。本人を理解する。
一次的および中間的な社会システム	家族，教室，学校，仕事場，サービス機関，近隣などの1次的および中間的社会システムを通して本人に働きかけ，本人から通常の技能や習慣を引き出したり，形成したりする。また，本人を通常の状態に維持する。	本人の周囲あるいは本人の所属する中間的な社会システムを変容したり，社会システムの本人に対する理解を変えさせて，本人だけでなく社会システムも，可能な限り文化的に通常とみられるようにする。
社会システム	大きな社会システム，教育システム，法律，政治，といった社会構造を適切なものに変容させることによって，本人が通常の行動を取れるようにさせたり，通常の行動のままでいられるようにする。	文化が本人の差異を最大限に受け入れられるように，文化価値，態度等を変容する。

6. 児童自立支援

児童福祉法は昭和22（1947）年に戦災孤児等の保護救済を直接の契機として制定されたが，その後半世紀を経るなかで児童をめぐる状況は大きく変化し，社会的支援を必要とする児童の態様は複雑・多様化してきている。こうした変化をふまえ，「一人ひとりの児童が自立した社会人として生きていくことができるよう支援していくこと」を児童自立支援施策の基本理念として，平成9（1997）年児童福祉法が改正され，また，平成10（1998）年2月に児童福祉施設最低基準が改められ，各施設の名称および目的規定，指導内容の充実が行われた。その改正項目をまとめると，表9-2のようになる。

このような変化は児童養護の歴史，児童観および児童福祉の発達をふまえてのものであり，今後，より具体的に発展していくものと思われる。ここで自立および支援について少し説明する。『広辞苑（第6版）』によると，

自立とは，「①他の援助や支配を受けず，自分の力で判断したり身を立てたりすること。ひとりだち」とある。

自律は，「①自分の行為を主体的に規制すること。外部からの支配や制御から脱して，自身の立てた規範に従って行動すること。②⑦カントの倫理学において根本をなす観念。すなわち実践理性が理性以外の外的権威や自然的欲望には拘束されず，自ら普遍的道徳法則を立ててこれに従うこと。④一般に，何らかの文化領域が他のものの手段でなく，それ自体のうちに独立の意

表9-2 児童福祉施設の名称および機能の改正（社会福祉の動向編集委員会, 2003）

改正前			改正後		
名称	対象児童	機能	名称	対象児童	機能
教護院	不良行為をなし，またはなすおそれのある児童	児童を教護する（注）「教護」とは，教育・監護のこと	児童自立支援施設	現行の対象児童の他，家庭環境その他の環境上の理由により生活指導等を要する児童に拡大	単に保護するだけでなく，退所後の支援などを行い，児童の自立を支援。通所形態の導入。学校教育の実施。
養護施設	保護者のいない児童，虐待されている児童など	児童を養護する（注）「養護」とは，養育・保護のこと	児童養護施設	現行と同じ	単に養護するだけでなく，退所後の支援などを行い，児童の自立を支援
乳児院	乳児（満1歳未満）	乳児を養育する	乳児院	乳児の他，保健上等により必要な場合，おおむね2歳未満の児童に拡大	現行と同じ
情緒障害児短期治療施設	軽度の情緒障害を有するおおむね12歳未満の児童	児童の情緒障害を治す	情緒障害児短期治療施設	軽度の情緒障害を有する児童（年齢要件を撤廃）	現行と同じ
虚弱児施設	身体の虚弱な児童	児童の健康増進を図る	児童養護施設に移行する		
母子寮	母子	母子を保護する	母子生活支援施設	現行と同じ	単に保護するだけでなく，その自立の促進のために生活を支援

義・価値を持つこと」と説明している。

児童養護では，この両方の意味を含めて自立としている。支援とは字義のとおり，支え助けること，援助することである。

表9-2のように児童福祉施設の名称，および機能が見直されたが，その基本理念は入所児童を養育・保護するだけでなく，児童の自立の支援をすることを目的のなかに取り入れた。なかでも大きく変わったのは，児童自立支援施設である。名称が教護院から児童自立支援施設に改められ，これまでは対象児童を「不良行為をなし，またはなすおそれのある児童」としていたが，「家庭における保護者の長期にわたる養育怠慢・放置（ネグレクト）など家庭環境に問題があり，日常生活における基本的な生活修得がなされていないことなどの理由により，施設において児童の自立支援のために生活指導等を要する児童」が対象水準に加えられた。施設の機能も，教護院の時代の「児童を教護する。（注）教護とは，教育・監護のこと」から「単に保護するだけでなく，退所後の支援などを行い，児童の自立を支援する。収容だけでなく通所形態を導入し，学校教育の実施をすること」が規定され，自立支援が強調された。

平成9（1997）年の児童福祉法の改正までは，養育・教育という理念が中心に置かれていたが，この改正後は自立支援という理念に重点が移り，子どもの権利，ニーズの尊重に力が注がれることになり，ここにノーマライゼーションの思想が生かされてきた。支援については，エンパワーメント（empowerment）という考え方が導入されて，従来のサービスを提供するやり方から，受益者に直接渡す補助金を増やし，それを選択する権利を与えるという福祉政策がとられ，障害児施設で成人したものには平成15（2003）年度から契約制度が施行されるようになった。

学習課題
1. 自分の子ども観について書いてみよう。
2. ノーマライゼーションについて説明してみよう。
3. エンパワーメントという用語がよく使用されるようになった。この用語の経緯を簡単に説明してみよう。

引用文献
保育士養成講座編纂委員会（編）　2000　養護原理　全国社会福祉協議会
新村　出（編）　2008　広辞苑　第6版　岩波書店
社会福祉の動向編集委員会（編）　2003　社会福祉の動向2003　中央法規
白川　静　2003　常用字解　平凡社
ウォルフェンスベルガー（著）　1972　中園康夫・清水貞夫（編訳）　1982　ノーマリゼーション―社会福祉サービスの本質―　学苑社

参考文献
五十嵐顕・大田　堯・山住正己・堀尾輝久（編）　1990　岩波教育小辞典　岩波書店
木田献一・和田幹男（監修）　1997　聖書事典　キリスト新聞社
河野与一（訳）　1952　プルターク英雄伝（一）　岩波文庫
倉野憲治（校注）　1963　古事記　岩波文庫
野本三吉　1998　社会福祉事業の歴史　明石書店
心身障害教育・福祉研究会（編）　1989　心身障害教育と福祉の情報事典　同文書院

庄司順一　2003　フォスターケア　明石書店
庄司洋子・木下康仁・武川正吾・藤村正之（編）　1999　福祉社会事典　弘文堂
ルネ・マルタン（監修）松村一男（訳）　1997　図説ギリシア・ローマ神話文化事典　原書房
山下　功（編）　1990　障害児教育総説　九州大学出版会

エンパワーメント（empowerment）

　力（power）をつけること，力を獲得すること。社会的・経済的な力をもたない貧しい人々や女性など，制度化された政治的・経済的過程に参加できず，人間開発の過程から排除され，力を奪われている人たちが，自らの自己決定能力といった心理的な力や，社会的・政治的・法的な力を獲得する（自己をエンパワーする）ことをいう。

　この概念を用いた福祉問題へのアプローチでは，当事者たち自身がその置かれた状況に気づき，問題を自覚し，自分たちの生活をコントロールしたり，改善したりする力をつけることがめざされる。「下から上へ」ボトムアップするエンパワーメントの方向は，市民社会や人間が本来的に備えている「生命」や「生活」「生涯」への潜在力を前提としている。そうした「生」への隠れた力を引き出す指導・援助による社会化の過程や，市民活動・市民運動のネットワーキングが生み出す友情，信頼，自覚，自信，責任等がエンパワーメント・アプローチの重要な構成要素であり，グローバルな福祉社会を実現するうえで欠かせない基礎的資源といえる。

　問題の主因を個人の精神内界に求め，専門家がその治療にあたるという従来の援助モデルでは問題解決にならないとし，問題をもった人々自身が問題解決の主体者となれるよう支援するアプローチが必要であるとする主張である。すなわち，当事者の潜在能力や可能性の啓発・強化と環境変化をふくめた主体的な問題解決を支援することである。

施設と地域のかかわり　10

1. 地域への理解と協力

　子どもに社会的養護の利用が必要となったとき，これまで暮らしてきた地域環境から分離されることなく生活を継続でき，さらに必要なサービスを選択・利用できることが重要である。たとえ，子どもが入所施設で生活をすることになっても，施設内だけで生活が完結するのではなく，地域社会のなかでさまざまな体験を重ねる必要がある。子どもにとって社会体験は地域との関係性のなかで育まれるものであり，そのためには，友達関係，遊び場所，世代間交流等の活動が地域で行われるような環境を工夫することが施設に求められる。

　現在，国の施策はファミリーホームや，里親制度の推進など，子どもを家庭的な雰囲気のなかで養護し，地域と分断しない環境を整備している。これは，社会的養護の仕組みを，これまでの施設養護中心から家庭的養護へと転換している過程と考えられる。

　そのためには，施設が積極的に地域へのかかわりを示すことが重要であり，施設は地域の社会資源のひとつであるという理解を地域住民に深めてもらうことが必要である。さらに，施設機能が地域の住民に開放され，地域住民のニーズにも応えられる施設となれるように運営を行う努力が求められる。このような「施設の社会化」のためには，住民が積極的に施設の運営に参加する「住民参加型の施設運営」が大きな原動力となる。運営委員会，後援会，地域への施設開放，情報の公開等に積極的に取り組むことにより，閉ざされた存在であった施設が，地域にとって重要な福祉機能の拠点となり，地域福祉の向上を図ることにつながる。

　最近，福祉施設に対する市民オンブズマンの運動が各地で展開されている。これらの活動は以下の特徴をもっている。

　①納税者の立場として福祉施設の運営に対してチェックを行う
　②利用者にとっての人権擁護，権利の代弁的な仕事，苦情等を吸い上げ，施設生活のQOL向上を市民の立場で進める機能
　③利用者の立場として市民が施設を利用したいと考えたときの正確な判断基準を公開させる役割

ファミリーホーム
　小規模居住型児童養育事業。2009年4月に新しい児童養護のかたちとして制度化される。親となる養育者を3人以上置いて運営し，一般の住宅で開設でき，預かることができる。定員は5～6名で職業として運営できる。

QOL
　Quality of Life（生活の質）。

これらの市民運動は，福祉サービスは市民の財産だという発想で行われていると捉えられ，市民に福祉施設を理解してもらうことに通じ，適切な施設運営をすすめるきっかけとなると考えられる。

その他に客観的に施設サービスを評価することにより，サービスの質的向上を図ることを目的とした「第三者サービス評価」の取り組みが始まっている。この結果を地域住民が知ることによって，必要なときにどのサービス機関を利用したらよいか選択する指標になる。

施設が地域社会を構成する一員として，地域社会に重要な存在と位置づけられたときに，地域住民との関係のなかから施設のもつ新しい役割が明らかにされるといえる。

2. 地域ニーズと施設

近年，核家族化がすすむと同時にさまざまな家族形態があらわれ，家族を取り巻く地域コミュニティのつながりも希薄になり，養育機能は低下しているといえる。また，多様な価値観のライフスタイルのなかで，子どもを取り巻く問題も複雑化しており，養育者を支えるシステムもさまざまな態様が必要となる。

「子育て支援策等に関する調査研究」（厚生労働省，2003）によると，未就学児童をもつ母親の子育ての不安や悩みとして（図10-1）「仕事や自分のことが十分にできない」という回答が最も多く，「子どもとの接し方に自信が持てない」「子育てについて周りの目が気になる」などの不安感を抱える人が3〜4割を占めている。さらに，地域で子どもを通じた親密な付き合いのある母親は（表10-1，表10-2），「子どもとの接し方に自信が持てない」「周りの目が気になる」などの不安は少なく，子育てを楽しんでいる割合が高い結果を示している。これらの調査の結果から，今後の子育て支援策のあり方として，「母親は子どもと自分だけで家庭のなかにいるのではなく，日常的に子どもと安心して過ごせる居場所を求め，気持ちを理解してくれる支援者に気軽

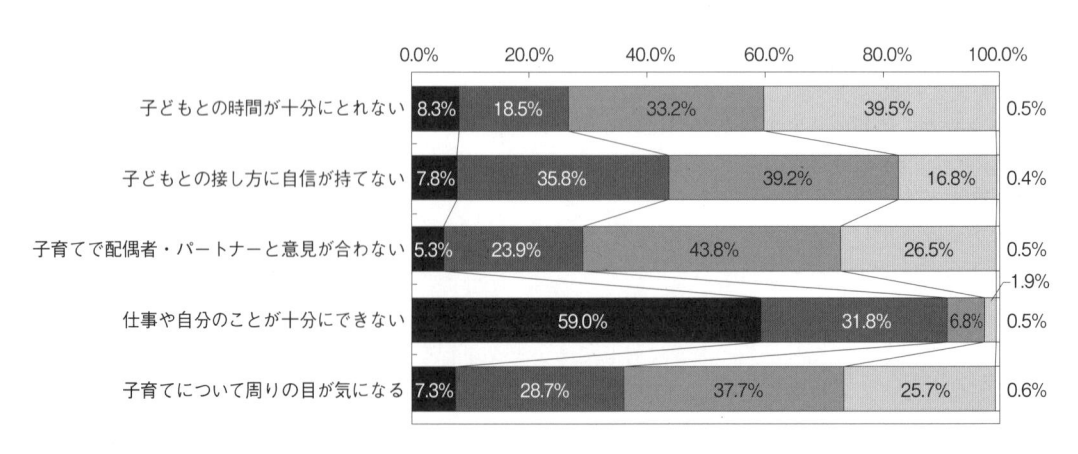

項目	そう思う	ややそう思う	あまりそう思わない	そうは思わない	無回答
子どもとの時間が十分にとれない	8.3%	18.5%	33.2%	39.5%	0.5%
子どもとの接し方に自信が持てない	7.8%	35.8%	39.2%	16.8%	0.4%
子育てで配偶者・パートナーと意見が合わない	5.3%	23.9%	43.8%	26.5%	0.5%
仕事や自分のことが十分にできない		59.0%	31.8%	6.8%	1.9%／0.5%
子育てについて周りの目が気になる	7.3%	28.7%	37.7%	25.7%	0.6%

（注）単数回答

図10-1　未就学児童をもつ母親の子育ての不安や悩み（厚生労働省，2003）

2. 地域ニーズと施設

表10-1　子育てを通じた付き合い別　母親の子育ての楽しさ（厚生労働省, 2003）

子どもを通じた付き合いの有無	合計	いつも楽しい＋楽しいと感じる時の方が多い	楽しい時と辛い時が同じくらい	辛いと感じる時の方が多い＋いつも辛い	無回答
全体	1765 100.0	1197 67.8	476 27.0	87 4.9	5 0.3
より親密な付き合いがある	1282 100.0	914 71.3	315 24.6	49 3.8	4 0.3
通常の付き合いがある	440 100.0	261 59.3	143 32.5	36 8.2	0 0.0
付き合いはない	28 100.0	15 53.6	10 35.7	2 7.1	1 3.6
無回答	15 100.0	7 46.7	8 53.3	0 0.0	0 0.0

（注）単数回答。上段が人数。下段が割合。

表10-2　子育てを通じた付き合い別　母親の子育ての不安や悩み（厚生労働省, 2003）

子どもを通じた付き合いの有無	合計	子どもとの時間を十分にとれない	接し方に自信がない	配偶者・パートナーと意見が合わない	仕事・自分の時間がとれない	周りの目が気になる
全体	1765 100.0	473 26.8	770 43.6	515 29.2	1604 90.0	634 35.9
より親密な付き合いがある	1282 100.0	334 26.1	512 39.9	369 28.8	1155 90.1	425 33.2
通常の付き合いがある	440 100.0	125 28.4	237 53.9	130 29.5	409 93.0	190 43.2
付き合いはない	28 100.0	9 32.1	12 42.9	9 32.1	26 92.9	11 39.3
無回答	15 100.0	5 33.3	9 60.0	7 46.7	14 93.3	8 53.3

（注）「そう思う」「ややそう思う」を足した数値である。上段が人数。下段が割合。

に相談することや，アドバイスを受けることを望んでおり，子育て中の親が集まって相談や情報交換のできる場づくりや一次預かりサービス等の子育て支援事業の充実が必要である」と報告されている。

　厚生労働省は，核家族化や都市化による家庭の養育力の低下，育児の孤立，育児の負担感の増加を指摘し少子化の流れを変えるため「少子化社会対策大綱」（平成16年）を策定し，具体的実践計画において数値目標を示した。そのなかでは，少子化の流れを変える4つの重点課題として，①若者の自立とたくましい子どもの育ち，②仕事と家庭の両立支援と働き方の見直し，③生命の大切さ，家庭の役割等についての理解，④子育ての新たな支え合いと連帯，を掲げ地域と施設のかかわりを重要な事業のひとつとして子育て短期支援事業が定められた。この事業は，保護者の持病や育児疲れ，恒常的な残業などの場合における児童養護施設等での一時的な預かりを推進することを具体化し，いつでも相談やアドバイスを受けることができる重要な機関として

子ども・子育てビジョン

子どもと子育てを応援する社会

家族や親が子育てを担う
《個人に過重な負担》
→
社会全体で子育てを支える
《個人の希望の実現》

- 子どもが主人公（チルドレン・ファースト）
- 生活と仕事と子育ての調和
- 「少子化対策」から「子ども・子育て支援」へ

基本的考え方

1. 社会全体で子育てを支える
   - 子どもを大切にする
   - ライフサイクル全体を通じて社会的に支える
   - 地域のネットワークで支える

2. 「希望」がかなえられる
   - 生活，仕事，子育てを総合的に支える
   - 格差や貧困を解消する
   - 持続可能で活力ある経済社会が実現する

3つの大切な姿勢

◎ 生命（いのち）と育ちを大切にする　◎ 困っている声に応える　◎ 生活（くらし）を支える

目指すべき社会への政策4本柱と12の主要施策

1. 子どもの育ちを支え，若者が安心して成長できる社会へ

(1) 子どもを社会全体で支えるとともに，教育機会の確保を
- 子ども手当の創設
- 高校の実質無償化，奨学金の充実等，学校の教育環境の整備

(2) 意欲を持って就業と自立に向かえるように
- 非正規雇用対策の推進，若者の就労支援（キャリア教育・ジョブ・カード等）

(3) 社会生活に必要なことを学ぶ機会を
- 学校・家庭・地域の取組，地域ぐるみで子どもの教育に取り組む環境整備

2. 妊娠，出産，子育ての希望が実現できる社会へ

(4) 安心して妊娠・出産できるように
- 早期の妊娠届出の勧奨，妊婦健診の公費負担
- 相談支援体制の整備（妊娠・出産，人工妊娠中絶等）
- 不妊治療に関する相談や経済的負担の軽減

(5) 誰もが希望する幼児教育と保育サービスを受けられるように
- 潜在的な保育ニーズの充足も視野に入れた保育所待機児童の解消（余裕教室の活用等）
- 新たな次世代育成支援のための包括的・一元的な制度の構築に向けた検討
- 幼児教育と保育の総合的な提供（幼保一体化）
- 放課後子どもプランの推進，放課後児童クラブの充実

(6) 子どもの健康と安全を守り，安心して医療にかかれるように
- 小児医療の体制の確保

(7) ひとり親家庭の子どもが困らないように
- 児童扶養手当を父子家庭にも支給，生活保護の母子加算

(8) 特に支援が必要な子どもが健やかに育つように
- 障害のある子どもへのライフステージに応じた一貫した支援の強化
- 児童虐待の防止，家庭的養護の推進（ファミリーホームの拡充等）

3. 多様なネットワークで子育て力のある地域社会へ

(9) 子育て支援の拠点やネットワークの充実が図られるように
- 乳児の全戸訪問等（こんにちは赤ちゃん事業等）
- 地域子育て支援拠点の設置促進
- ファミリー・サポート・センターの普及促進
- 商店街の空き店舗や学校の余裕教室・幼稚園の活用
- NPO法人等の地域子育て活動の支援

(10) 子どもが住まいやまちの中で安全・安心にくらせるように
- 良質なファミリー向け賃貸住宅の供給促進
- 子育てバリアフリーの推進（段差の解消，子育て世帯にやさしいトイレの整備等）
- 交通安全教育等の推進（幼児二人同乗用自転車の安全利用の普及等）

4. 男性も女性も仕事と生活が調和する社会へ（ワーク・ライフ・バランスの実現）

(11) 働き方の見直しを
- 「仕事と生活の調和（ワーク・ライフ・バランス）憲章」及び「行動指針」に基づく取組の推進
- 長時間労働の抑制及び年次有給休暇の取得促進
- テレワークの推進
- 男性の育児休業の取得促進（パパ・ママ育休プラス）

(12) 仕事と家庭が両立できる職場環境の実現を
- 育児休業や短時間勤務等の両立支援制度の定着
- 一般事業主行動計画（次世代育成支援対策推進法）の策定・公表の促進
- 次世代認定マーク（くるみん）の周知・取組促進
- 入札手続等における対応の検討

図10-2　子ども・子育てビジョン

施設を地域の拠点に位置づけている。

さらに平成22（2010）年1月には，子どもが社会の主体的な一員であるとしたうえで，その子どもと子育てを社会全体で応援する姿勢を明確に示した「子ども・子育てビジョン～子どもの笑顔があふれるために～」を発表し，子育ての不安に対する相談・指導やネットワークを構築するため，既存の福祉施設等がその拠点となるよう定めた。

施設との連携が重要になる主な事業を以下に示す。

(1) 地域子育て支援拠点事業

公共施設や保育所，児童館等の地域の身近な場所で，乳幼児のいる子育て中の親子の交流や育児相談，情報提供等を実施する。NPO など多様な主体の参画による地域の支え合い，子育て中の当事者による支え合いにより地域の子育て力を向上させる。支援拠点は，ひろば型，センター型，児童館型の3タイプに分かれ，地域全体で子育てを支援する取り組みを行う。

(2) 家庭的保育事業

保育士または研修を受けて市町村の認定を受けた者が「家庭的保育者（保育ママ）」となって，自宅等で児童を預かって保育サービスを提供する事業。連携保育所は家庭的保育者と連携し，定期的に家庭の保育の実施場所を訪問し保育の状況把握を行うとともに，相談に応じ必要な指導・援助を行う。さらに，児童を定期的に連携保育所に招いたり健康診断への受け入れを行う。

(3) 養育支援訪問事業

育児ストレス，産後うつ病，育児ノイローゼ等の問題によって，子育てに対して不安や孤立感を抱える家庭や，さまざまな原因で養育支援が必要となっている家庭に対して，子育て経験者等による育児・家事の援助または保健師等による具体的な養育に関する指導・助言等を訪問により実施することにより，個々の家庭の抱える養育上の諸問題の解決，軽減を図る。具体的に下記の援助を行う。

・産褥期の母子に対する育児支援や簡単な家事等の援助
・未熟児や多胎児に対する育児支援・栄養指導
・養育者に対する身体的・精神的不調状態に対する相談・指導
・若年の養育者に対する育児相談・指導
・児童が児童養護施設等を退所後にアフターケアを必要とする家庭等に対する養育相談・支援

さらに，とくに支援が必要な子どもへの施策として，児童虐待を防止し社会的養護を充実するため，児童養護施設等の施設のケア単位の小規模化の推進，里親や小規模住居型児童養護施設（ファミリーホーム）の拡充など家庭的養護を推進することを定めている。

ケアの規模を縮小し，家庭に近い環境で過ごせる家庭的養護の推進には地域における子育て力の向上が不可欠である。大規模施設で集団生活をすることとは違い，地域のファミリーホームや里親のもとで暮らす子どもたちは，まさに地域住民の一員であり地域のなかで育まれていく。そのためには，社会的養護が必要な子どもたちの問題を地域の課題として取り組む姿勢が必要であり，ひいてはその取り組みが地域の子育て力を高め，誰もが安心して子育てができる地域に成長すると考えられる。

現在，多くの NPO 法人や子育てサロン等が地域における子育てや暮らしの問題に組織的に取り組んでいる。公的なサービスではみられなかった特色ある活動が多くの地域で始まっている。住民による主体的な活動によって，次の世代を育成することで地域福祉の機能が向上し，誰もが平等に人間らし

NPO 法人
Nonprofit（Not-for profit）Organization の略で，特定非営利活動法人という。日本の特定非営利活動促進法に基づいて特定非営利活動を行うことを目的とし，同法の定めるところにより設立された法人。

子育てサロン
地方自治体の公民館などが開いているもので，小さな子どもをもつ親が気軽に集まることのできる場所のこと。

く健康で安心して暮らせる場を実現していくのである。

3. 今後の課題

　これまで，入所機能に重点をおいた施策により，画一的な養護を行ってきた施設が，近年の多様な問題をかかえる子どもたちに効果的に対応できなくなってきている。さらに，親をふくむ家族が複雑な問題を抱えていることで，子どもだけに支援を行っても家族の養育能力が低下したままであると問題の解決には至らず，家族をふくめた支援のあり方が問われている。

　そのためには，福祉施設，教育，医療，地域など，家庭を取り巻く社会資源に働きかけ，チームとして支援できる体制を整える必要がある。たとえ，子どもが入所しても子どもを取り巻く環境は分断されることなく，子どもが早く家庭にもどれるように働きかけ，子どもが家庭へ帰ってきた後にも継続的にチームで支援する体制を整えるためには，家族のあり方に合わせ，その時期に必要なサービスを組み立てる「ソーシャルワーク」の手法を用いることが求められる。

　「児童福祉施設の地域協働実践方策研究事業　調査研究報告書」によると，児童福祉施設と地域の協働については，各施設・機関で積極的な姿勢がみられるが協働の前提となる具体的な取り組みが弱く，一層の強化が求められると述べられている。そのためには，①児童福祉施設が「地域の問題」を把握するための機能をもち，アウトリーチしていくことおよび地域のニーズを充足するメニューをもつこと，②各施設・機関と協働する前提として「お互いの存在を認識」していくこと，③地域の児童問題の解決に向けて相互の「役割分担」を行うこと，④相互の役割を発揮できるような「マネジメント機能」を担うことが必要であると示唆している。

　施設だけではなく地域全体で社会的養護が必要な子どもたちを支えるには，地域住人やNPO等が参加する多様なネットワークやシステムの構築が必要である。地域が一体となって子育ての環境を整えることで，親の子育てストレス等の早期発見や，虐待等を未然に防ぐことができ，子どもたちの権利擁護の充実にもつながると考えられる。

---学習課題---
施設と地域が連携を図ることで，どのような利点があるか考えてみよう。

引用文献
厚生労働省雇用均等・児童家庭局総務課少子化対策企画室　2003　子育て支援策等に関する調査研究報告書

引用・参考文献
橋本正明　2003　社会福祉施設と地域社会　「新版・社会福祉学習双書」編集委員会（編）　新版社会福祉学双書2003　14　社会福祉施設運営（経営）論　全国社会福祉協議会　pp.126-131.
林　博幸　2003　家庭・地域の子育てと福祉施設　加藤孝正（編）　MINERVA福祉専門職セミナー1　新しい養護原理　ミネルヴァ書房　pp.14-32.

児童福祉施設の地域協働実践方策研究事業　調査研究報告書　平成 19 年 3 月 12-13
　　社会福祉法人全国社会福祉協議会
山縣文治　2003　養護の課題と展望　網野武博・栃尾　勲（編）　新版養護原理 チャ
　　イルド本社　pp.220-234.

事項索引

あ
愛着（アタッチメント）　6, 28
　　　──関係　46
　　　──行動　6
アイデンティティ　9
アセスメント　36, 50
アフターケア　70
一時施設（短期入所）　64
インフォームドコンセント　28
NPO法人　125
援助計画　90
エンパワーメント（empowerment）
　　　119, 120
岡山孤児院　116
お話しブック　46
親子通園　44

か
学習　107
　　　──障害　66, 67
学童保育クラブ　88
家事援助　108
家族　2
家庭　2
　　　──学校　73, 116
　　　──教育（親業）　63
　　　──裁判所　73, 77, 99
　　　──支援専門相談員　108
感化院　73, 116
環境療法　72
感情の言語化　70
棄児　115
虐待　11, 96
ギャングエイジ　8
QOL　121
救恤行政　115
共感的　46
教護院　73, 119
協働　76
筋ジストロフィー症　54
グループ
　　　──ダイナミクス　109
　　　──ホーム　92, 104
　　　──ワーク　109
契約　119
ケースワーカー　68-70
ケースワーク　109
言語聴覚士　44, 55
高機能自閉症　66, 68
交替制　74
広汎性発達障害　17

抗不安薬　70
心のケア　70
孤児院　112
子育てサロン　125
子育て支援　12, 122
子ども
　　　──家庭在宅サービス事業　13
　　　──観　113
　　　──の権利　2
　　　　　条約　91
　　　──の城　88
個別
　　　──援助（ケースワーク）　74
　　　──化　13
　　　──支援計画　36, 37, 50
コミュニケーションスキル　7
コミュニティワーク　88
コンサルテーション　69

さ
作業教育　76
作業療法士　55
里親　92, 96, 121
里子　100
支援費制度　64
四箇院　115
自我同一性　9
自己主張　7, 8
自己抑制　8
思春期　106, 107
次世代育成支援　87
施設　119
　　　──内虐待　93, 101
　　　──の社会化　121
　　　総合──　87
しつけ　7, 105
児童　113
　　　国際──年　114
　　　──家庭支援センター　89
　　　──館　87
　　　　　大型──　87
　　　　　小型──　87
　　　──虐待　66, 67, 70
　　　──憲章　91, 114
　　　──権利宣言　114
　　　──厚生員　87
　　　──厚生施設　87
　　　──自立支援　118
　　　　　計画　109
　　　　　施設　119
　　　　　専門員　75

　　　──自立生活援助事業　102
　　　──生活支援員　75
　　　──精神科医師　68, 69
　　　──センター　87
　　　──相談所　54, 73
　　　　　一時保護所　101
　　　──の権利に関する条約　114
　　　──発達支援施設　53
　　　──発達支援センター　35
　　　──福祉施設最低基準　77, 118
　　　──福祉法　112, 116, 118
　　　──遊園　87, 89
　　　──養護　113, 119
　　　　　施設　20, 100, 112
　　　──の歴史　104
社会的規範　8
集団援助（グループワーク）　74
恤救規則　116
手話　45
障害児
　　　在宅──　64
　　　重症心身──　113
障害者
　　　国際──年　63
　　　──自立支援法（障害者総合支援法）
　　　　　49
　　　発達──支援法　67
小舎　74
　　　──制　63, 93, 104
情短施設　66
情緒障害　66, 67
少年教護院　73
ショートステイ　13
自律　118
自立　118
　　　──援助ホーム　102
　　　──支援　13
人権擁護　28
人口内耳　46
新生児聴覚検査　44
新生児聴覚スクリーニング検査　47
心的外傷　67, 68, 72
信頼関係（ラポール）　28, 70
心理治療　68-70
心理療法士　68-70
ストレングス視点　109
生活
　　　──空間　57
　　　──時間　57
　　　──指導訓練費　105
性教育　106

世界保健機構（WHO）　6
世代間連鎖　69
摂食障害　40
ソーシャルワーク　126
措置　54

た
第1反抗期　7
退行　100
第三者サービス評価　122
大舎　74
　　――制　63, 93, 95, 104
第二次性徴　106
ダウン症　48
滝乃川学園　116
担当制　28
T.T.（チームティーチング）　69
チームワーク　61
知的障害　48
注意欠陥多動性障害　35, 66-68
中舎　74
重複障害　16
聴力検査　46
TEACCHプログラム　39
低体重出生児　40
てんかん　40, 54
　　――発作　48
特別支援学校　50
都市公園法　89
トワイライトステイ　13

な
難聴　44
　　――学校　47
　　――通級教室　47
　　――幼児通園施設　44
乳幼児健康診査　36
乳幼児突然死症候群　26
認可外保育施設数　85
認定こども園　87
ネグレクト状態　69
ねらい　80
脳性麻痺　54
ノーマライゼーション（normalization）　13, 62, 117, 119

は
パーソナリティ　2
箱庭療法　68
発達障害　66-68
パニック状態　72
ビオトープ　80
人見知り　7, 26
ファミリー・ケースワーク　12
ファミリー・ソーシャルワーカー　108
福祉事務所　77
並行通園　47
並立制　74
保育
　　休日――　84
　　病後児――　84
　　――サービス　84
　　――所入所措置基準　79
　　――ニーズ　84
　　――の環境　80
　　――メニュー　84
ホスピタリズム　6

補聴器　46

ま
マターナル・ディプリベーション　6
マンパワー　64

や
遊戯療法　72
指文字　45
養育　112
　　治療的――　72
　　母性的――　6
養護　112
　　家庭的――　92, 121
　　施設――　92, 121
　　社会的――　9, 121
　　――学校　50
養子縁組　96
　　特別――　97
養老戸令　115

ら
ライフサイクル　5
理学療法士　55
リハビリテーション　54, 57
療育　44
寮母　75
臨床心理士　55
レクリエーション　107
レスパイト　43
連携　47, 57

人名索引

あ
有村大士　101
池上雪枝　73
石井十次　91, 116
石井亮一　116
糸賀一雅　58, 61
ウォルフォンスベルガー
　（Wolfonsberger, W.）　117
江草安彦　61
エリクソン（Erikson, E. H.）　5, 9
大島一良　59

か
加藤伸司　5
小林堤樹　58

さ
庄司洋子　2
セガン（Seguin, E. O.）　116

た
ダウン（Down, J. L.）　49
高瀬眞卿　73
チェス（Chess, S.）　5
トーマス（Thomas, A.）　5
留岡幸助　73, 116

な
中島健一　5
西澤哲　67
ニリエ（Nirje, B.）　117

は
パーソンズ（Parsons, T.）　2
ハーロー（Harlow, H. F.）　6
花島政三郎　74
バンク・ミケルセン（Bank-Mikkelsen, N. E.）　117
ピアジェ（Piaget, J.）　8
ボウルビィ（Bowlby, J.）　6

ま
松崎佳子　99

ら
Rousseau, J. J.　114

【編者紹介】
昇地勝人（中村学園大学教育学部）
進藤啓子（西南学院大学人間科学部）
田中麻里（西九州大学子ども学部）

【執筆者一覧】（執筆順）
第1章	進藤　啓子	（西南学院大学人間科学部）
第2章	進藤　啓子	（同上）
第3章第1節	江口　利也	（児童養護施設　聖華園）
第3章第2節	馬場由香里	（佐賀県療育支援センター）
第3章第3節	藤満　晶子	（社会福祉法人佐賀市社会福祉協議会）
第4章第1節	吉住　敦子	（前北九州市立到津ひまわり学園）
第4章第2節	淡河紀代子	（前福岡市立心身障がい福祉センター）
	草場　智子	（福岡市立西部療育センター）
第4章第3節	田中　麻里	（西九州大学子ども学部）
第4章第4節	中川万里子	（前北九州市立総合療育センター）
第4章第5節	飯田　良子	（香蘭女子短期大学保育学科）
第4章第6節	島村　保夫	（前熊本ライトハウス）
第5章第1節	大迫　秀樹	（九州女子大学人間科学部）
第5章第2節	廣渡　修	（前福岡女子短期大学）
第6章	昇地　勝人	（中村学園大学教育学部）
第7章	安部　計彦	（西南学院大学人間科学部）
第8章	尾里　育士	（長崎純心大学人文学部）
第9章	山下　功	（中村学園大学［非常勤］）
第10章	大川　絹代	（特定非営利活動法人地域生活支援センター Forza）

社会的養護内容

2013年5月20日　初版第1刷発行

定価はカヴァーに表示してあります

編　者　昇地勝人
　　　　進藤啓子
　　　　田中麻里
発行者　中西健夫
発行所　株式会社ナカニシヤ出版
〒606-8161　京都市左京区一乗寺木ノ本町15番地
　　　　　Telephone　075-723-0111
　　　　　Facsimile　075-723-0095
　　Website　http://www.nakanishiya.co.jp/
　　Email　iihonippai@nakanishiya.co.jp
　　　　　郵便振替　01030-0-13128

装幀＝白沢　正／印刷・製本＝ファインワークス
Printed in Japan.
Copyright © 2013 by K. Shochi, H. Shinto, & M. Tanaka
ISBN978-4-7795-0044-2

◎本書のコピー，スキャン，デジタル化等の無断複製は著作権法上での例外を除き禁じられています。本書を代行業者等の第三者に依頼してスキャンやデジタル化することはたとえ個人や家庭内の利用であっても著作権法上認められておりません。

養護原理

昇地勝人・進藤啓子・田中麻里 編

子どもの生活を豊かにする，養護原理の基本。保育士や幼稚園教諭を志す学生を対象に，子どもをとりまく環境がどんなに変化しても変わらない，すべての子どもの生活を豊かなものにするための，児童福祉の理念，養護の基礎知識と実践をわかりやすく解説。

B5判 116頁 1900円

障害特性の理解と発達援助 [第2版]
教育・心理・福祉のためのエッセンス

昇地勝人・蘭香代子・長野恵子・吉川昌子 編

まず総論で「障害」「援助」への理解を深め，各論では文部科学省の示す7障害に加え，LD，ADHD，高機能自閉症，重複障害等も取り上げて論じる。新しい世紀のインクルージョナルな社会を射程に入れたホットな内容。時代に即した第2版。

B5判 288頁 2800円

病気の子どもの心理社会的支援入門 [第2版]
医療保育・病弱教育・医療ソーシャルワーク・心理臨床を学ぶ人に

谷川弘治・駒松仁子・松浦和代・夏路瑞穂 編

専門知識から支援の全体像までわかりやすく解説した好評テキストの改訂版。医療供給システムの変化や心理社会的支援を行う専門職に関する新たな動向，コミュニティ，ボランティア，臨床心理士などに関する解説を追加。

A5判 324頁 3200円

発達障害のある子どもの自己を育てる
内面世界の成長を支える教育・支援

田中道治・都築 学・別府 哲・小島道生 編

障害をもつ子どもたちの内面世界とはどのようなものなのだろうか。彼らの文脈にあわせてその豊かな「自己」を育む方法を，理論と実践をもとに障害別・発達段階別にていねいに解説する。

A5判 214頁 2400円

特別支援教育を学ぶ [第2版]

岐阜大学教育学部特別支援教育研究会 編

特別支援教育の理念や制度の説明はもちろん，知的障害をはじめ様々な障害の基礎知識，障害児の心理などポイントをおさえわかりやすく解説した好評書の第2版。特別支援学校教員免許状の全領域に対応。

B5判 228頁 2800円

保育の心理学 [第2版]
子どもたちの輝く未来のために

相良順子・村田カズ・大熊光穂・小泉左江子 著

「保育の心理学Ⅰ, Ⅱ」の内容を1冊にまとめた保育士や幼稚園教諭の養成課程のテキストの改訂版。豊富な写真と事例や章末課題で楽しく学べる内容に，「学びと発達」の章が加わり，さらに充実！

A5判 184頁 1800円

表示の価格は本体価格です。